JN125888

精神科医だけが知っている

ネガティブ感情の整理術

伊藤 拓

Taku Ito

ハーパーコリンズ・ジャパン

はじめに

私は現在、精神科の医師として病院に勤務しています。

その私が、ネガティブ感情を整える本を書こうと思ったのは、診察の中でみなさんの様々な声に触れてきたことが1つのきっかけでした。

診察に来られた方たちのお話を聞いていると、

「仕事に行かなければいけないのに、だるくて起き上がれません」

「もう何もしたくない。やる気が起きなくて……」

「仕事でミスばかりするようになって落ち込んでいます」

など、本当に生きにくい世の中だと感じずにはいられません。

2020年以降、コロナ禍で生活環境が大きく変わったところに、ここ最近は自然災害や戦争、紛争のニュースが後を絶ちません。物価上昇、円安、政治不安など、予期せぬことが相次いで起こり、何を信じていいのかわからない時代になりました。

先の見えない未来には、誰もが不安を感じるものです。

「これからどうなるの？」「どうしたらいいの？」といった怖さや焦り、「どうして私がこんな目に？」という怒りなど、ネガティブな感情が次々に生まれてきます。

もちろん、こうした感情が湧くのはごく自然なことですし、自分に迫る危険や不快なことを感じるからこそ、身を守るための備えをしたり、戦う覚悟を持つこともできるのです。つまり、「ネガティブ感情＝悪」というわけではなく、私たちにとっては必要なものでもあるわけです。

ただ、一度生まれたネガティブ感情にとらわれてしまうと、なかなかそこから抜け出せず、どんどんマイナスな考えにはまり込んでいきがちです。

そうならないようにネガティブ感情をなだめるのが脳の役割なのですが、あまりに多くのストレスにさらされていると脳が疲れてしまい、うまくコントロールができなくなってしまいます。今は、多くの方がこうした状況に置かれているのではないでしょうか。

大切なのは心に生まれたネガティブ感情を「整えて」、上手に付き合っていくことです。整え方、気持ちの切り換え方を知って実践することで、心身をより健やかな状態に戻していくことができるようになるでしょう。

この本では、感情が生まれる仕組みやネガティブ感情にとらわれた時の対処法などをお話ししていきます。

なんとなく不安な気持ちが続いていたり、モヤモヤ、イライラが消えないなど、ネガティブな感情に辛さを感じた時に、ぜひ参考にしてもらえればと思います。

本書が、あなたの健やかな毎日に少しでも役立てば幸いです。

『精神科医だけが知っているネガティブ感情の整理術』

CONTENTS

第2章 インターネット社会が感情を疲弊させる

第3章

感情をコントロールできる人、できない人

第4章 自分の「思考のクセ」を知ろう

第5章 いつも笑顔でいるための6つの習慣

第6章

ネガティブ感情にとらわれないために知っておきたいこと

第1章

なぜ
ネガティブ感情が
生まれるのか

誰もが感情不安定になる時代

するのか、しないのか。

行くのか、行かないのか。

賛成なのか、反対なのか。それとも中立か。


考えてみると、生きるということは選択の連続です。

特に現代人は、答えに迫られて生きているように感じます。

「多様性の時代」と言われるようになって久しいですが、様々な個性が認められ、以前よりも生き方の自由度は増しているように思えます。しかし裏を返せば、それは**自分の意思、意見を持つことが求められる**ということでもあります。つまり「自分はこうだ」

という回答を常に出さなければなりません。

この状況に触れるたび、私は大学の入学共通テストのことを思い出します。テストはどの教科もマークシート方式で、用意された選択肢から回答を選びます。ここで選択をしなければ正解もできないし、その先の合格もありませんよね。

マークシート方式は、採点や集計がしやすく、人的な採点ミスも防げるので、システムとしては大変効率的だと思います。ただ、試験問題の正解は1つでも、**私たちの生活においては、正解が1つとは限りません。**また、人によって正解が異なることもあるのです。

ひと昔前の日本なら、ほとんどの人にとって正解は1つでした。会社に入れば年功序列、終身雇用という流れでしたから、先輩や上司の後ろ姿を見て、同じように成長していけば将来は保証されていたわけです。

ところが、今は多くの会社でこの制度が見直され、同じ会社で定年まで勤めあげることが正解とも言えなくなっています。「前にならえ」で同じことを繰り返せばよかった環境から、**何を選べば正解なのか、その判断基準から多様化しているのです。**判断する基準が1つではないのですから、自分が良いと思っている基準と、他の人が良いと思っている基準が同じだという保証もありません。

そんな不安定な状況で物事を判断し、答えを出さなくてはいけない。

だからこそ、感情が様々に揺れるのです。


たとえば、職場の先輩から誘われて、一緒に食事に行ったとします。食事を心から楽しめるような相手なら、仕事の後でいいリフレッシュになりますが、さほど親しくない相手であれば状況はかなり変わってきます。

「仕事で疲れているから早く帰って休みたいのに……。なんで誘うの?」とイライラする、「やっぱり断ればよかったかな。でも、断ると先輩に嫌われるかもしれない」と不安になる、など、先輩から食事に誘われたという出来事だけで気持ちは揺れます。

あなたにも、職場や家庭などでこのようなネガティブな感情を抱いた経験はないでしょうか。多様性の時代という、ある意味、**基準が曖昧で感情が不安定になりやすい環境の中で私たちは生きているのです。**

「本当に、これでよかったのかな」

「これからどうなってしまうのだろう」

「もし、トラブルになったらどうしよう」

など、目の前の状況に応じて私たちは様々なネガティブ感情を抱きます。精神科医の私でも自分や医療の今後を思い、ため息が出てしまうことがあります。誰もが少なからずネガティブな気持ちと付き合っているのです。


では、なぜ私たちはネガティブ感情を抱いてしまうのでしょうか。

第1章では、その仕組みについてお話ししていきたいと思います。

ネガティブ感情にも種類がある

「喜怒哀楽」という言葉がありますが、実際にはこの4文字では言い表せないほど、私たちの感情は多彩です。感情の種類については様々な考え方が存在し、その分類方法にも色々な説があります。

興味深いのは、いずれの分類方法でも基本感情の種類は、**ポジティブな感情よりネガティブな感情のほうが多い**ことでしょう。本書では、アメリカの心理学者ポール・エクマンが提唱したように、基本感情を「怒り」「恐れ」「喜び」「悲しみ」「嫌悪」「驚き」の6種類で考えていきます。ポジティブな感情はそのうちの「喜び」のみ。残りの5つはネガティブな感情です。

では、5つのネガティブ感情とは、どのようなものでしょうか。私は次のように考えています。

怒り：不当な扱いを受けた際に感じる不愉快な気持ち、相手を攻撃したくなる気持ち。
恐れ：よくない予兆や危険な出来事に対して、逃げたいと感じる気持ち。
悲しみ：困難な出来事に直面したり、大切な人や物を失ったりした際に感じる気持ち。
嫌悪：人や物、出来事に対して、嫌い、不快と感じる気持ち。
驚き：予期しない出来事を体験した際に瞬間的に感じる気持ち。

もちろん、この分類にピタリと当てはめられない感情もたくさんありますが、人が感じるネガティブな基本感情はこの5つでしょう。

基本感情の、5つのネガティブ感情

「許せない！」

「どうして自分が？」


「まさか！」

「信じられない！」


「よくないことが起きそう」

「逃げだしたい」

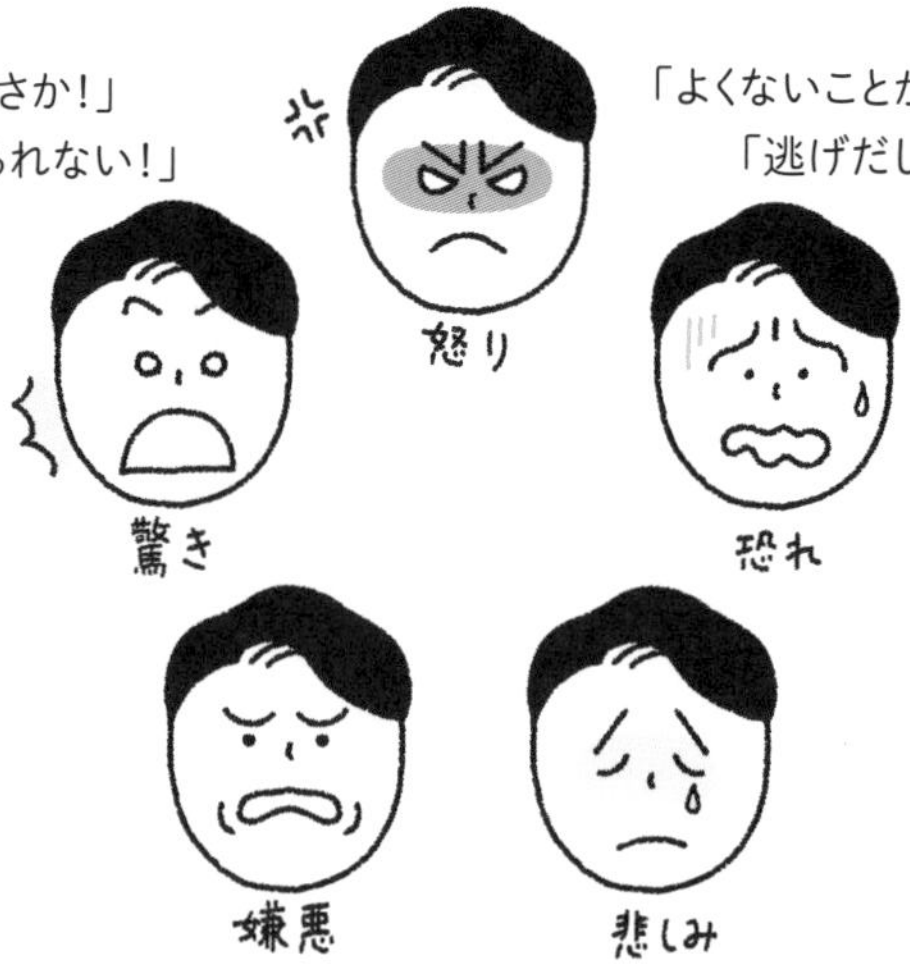

「イヤだな」
「好きじゃないな」

「心に穴があいたみたいだ」

「悲しい」

「基本感情」というのは、ある出来事に対して直接的な反応として生まれる感情のことで、「一次的感情」とも呼ばれています。

たとえば「驚き」という感情は、「よし、これから驚くぞ」と意識して驚けるわけではありませんよね。予期せぬことが起きた時に、瞬間的に感じるものです。同じように「怖い」「悲しい」「嫌い」といった感情も、自分の意思にかかわりなく生まれてくる感情で、とても原始的な反応と言えるでしょう。

ちなみに、5つのネガティブ感情のうち「怒り」については、一次的感情によって生まれる「二次的感情」だとする説もあります。

意外に思えるかもしれませんが、ほんの一瞬のうちに「驚き」や「恐れ」などの一次的感情を抱き、そこから「怒り」が生み出されていると考えるのです。このとらえ方は、「自分がなぜ怒っているのかを探って、怒りをコントロールする」という「アンガーマネジメント」の観点からすると、とても重要になります。

ただ、「驚き」や「恐れ」から瞬時に「怒り」が生み出されることから、本書では「怒り」についても他のネガティブ感情と同じように扱い、話を進めていきます。

こうしたネガティブな感情は、自分の意思がどうであれ、自然と湧いてきてしまいます。私たちはそのことを素直に受け止め、

「私はこれを嫌だと感じていたのか」

「こういうことをされるとイライラするのだ」

とわかるようになると、ネガティブな感情に振り回されず、気持ちを落ち着かせることができるはずです。

ネガティブ感情はどこで作られるのか？

人間の基本感情の研究は、進化論で有名なダーウィンの研究に端を発すると言われています。ダーウィンは感情を表す表情に着目し、そこにも進化がかかわっていると考えました。そして、彼の唱えた地域や文化の違いを超えた表情の普遍性が、現在の基本的感情論につながっていったようです。

ここで、脳の進化についても少し考えてみましょう。

アメリカの生理学者であり臨床精神科医のポール・D・マクリーンは、人の脳には**「爬虫類脳《はちゅうるい》」「哺乳類脳」「人間脳」の3層**があり、進化の過程でこのような構造になったという「三位一体脳説」を提唱しました。とても有名な説ですから、みなさんの中にもご存じの方はいらっしゃるかもしれません。

現在は、神経科学や分子遺伝学などの分野で脳の研究がさらに進み、マクリーンの説に否定的な意見も見られます。私たち生物の進化は、これほど単純ではないということでしょう。ただ、学術的な面というよりも、脳の仕組みをより理解しやすいという点もあり、ここでご紹介する意味はあると思っています。

では、「三位一体脳説」でいう三層の脳は、それぞれどのような役割を担っているのでしょうか。

「爬虫類脳」は、脳の中で最も原始的な部分で、**生命活動の根幹となる部分**にかかわっています。脳の部位で言うと「脳幹」と呼ばれる部分です。たとえば、呼吸や脈拍、体温などを調整する自律神経をコントロールしたり、本能的な反射を起こさせたりします。

その上にあるのが「哺乳類脳」で、「三位一体脳説」では人だけでなく犬や猫、馬といった哺乳類が持っているとしています。脳の部位では「大脳辺縁系」と呼ばれる部分です。感情や記憶にかかわりがあり、**好き嫌い、恐怖といった基本感情のコントロールもこの部分が行っています。**

そして、一番外側にある「人間脳」は、哺乳類脳よりもさらに高次な働きをします。脳の部位では「大脳新皮質」と呼ばれる部分です。**論理的に物事を考えたり、理性を**

持って対処したりできるのも、この人間脳の働きによるものです。

これら3つの脳の違いを身近な例で説明しましょう。

たとえば、目の前に大好きなスイーツを置かれたとします。

爬虫類脳は、「食べ物が目の前にあるのだから食べよう」と、大好きかどうかはあまり関係なく、躊躇《ちゅうちょ》なく食べようと判断します。本能として食べることを選ぶのです。

哺乳類脳は「このスイーツ大好き、絶対食べたい！」と判断し、自分がそれを好きかどうかという感情が行動に影響します。以前に食べておいしかった記憶や、「○○ちゃんと一緒に食べたい」といった気持ちも、さらに判断に影響を及ぼすと考えられます。

ここで「食べる」という判断に待ったをかけるのが、人間脳です。

人間脳は、「今、ダイエット中だよね」「健康のためには、ここは我慢したほうがいい」と、自分が欲望のままに突き進むことをいさめ、「食べない」という行動を選んだりします。理性的な判断ができるのは、人間脳が働いているからなのです。

「食べたい」という本能と「食べるべきではない」という理性の葛藤。一人の人間の頭の中でこのような調整が行われているわけです。一言で「脳」といってもさまざまな部位があり、異なる役割を担っています。3つの脳に分けて考えてみると、そのことが

3つの脳

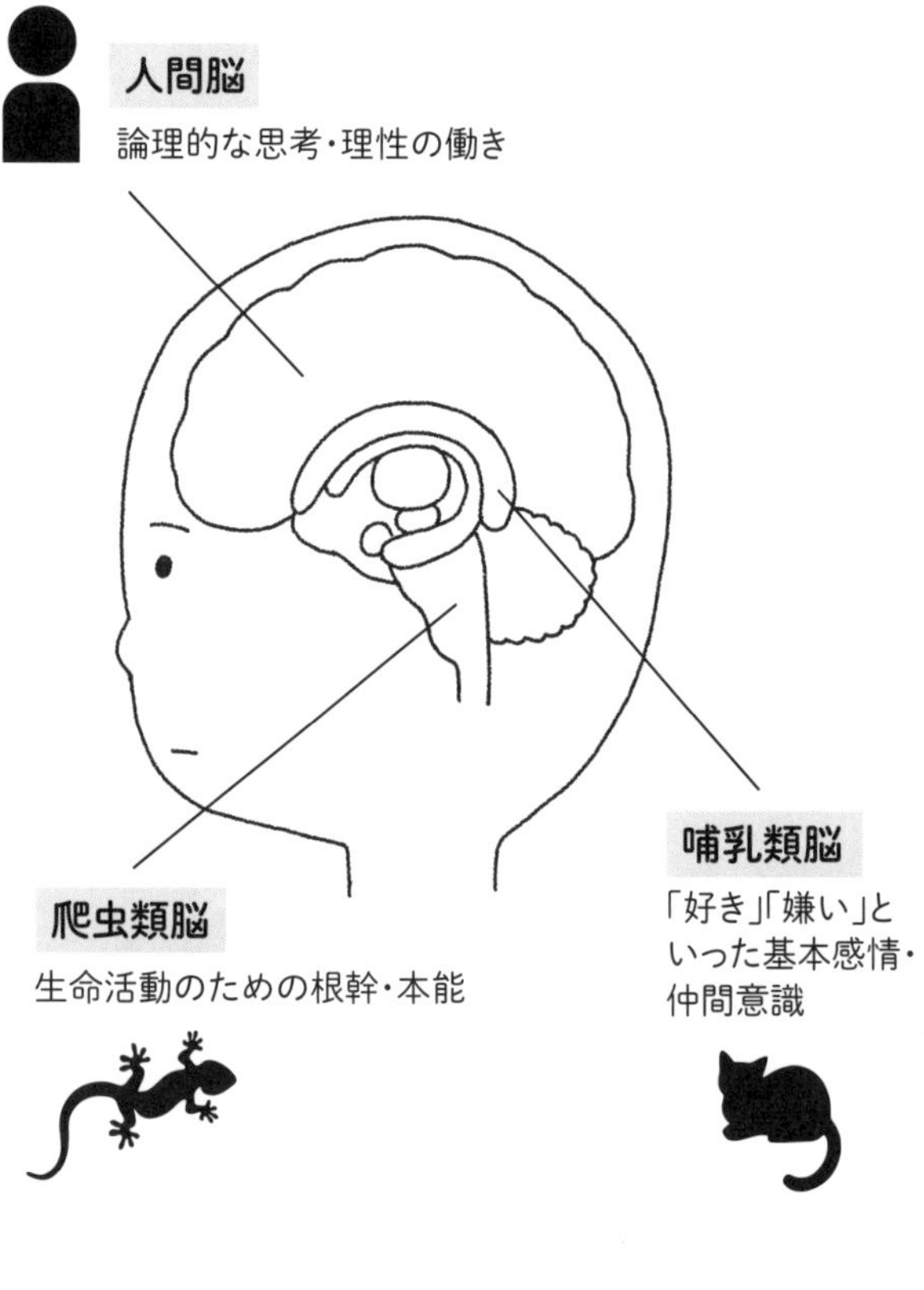
人間脳
論理的な思考・理性の働き
哺乳類脳
「好き」「嫌い」と
いった基本感情・
仲間意識
爬虫類脳
生命活動のための根幹・本能

イメージしやすいのではないでしょうか。

さて、脳の中で私たちの感情を作っているのは、大脳辺縁系の「扁桃体《へんとう》」という部分だと言われています。扁桃体は外からの刺激を受け取ると、それを過去の記憶と照らし合わせて、「好き・嫌い」や「快・不快」「安全・危険」などを判断します。

たとえば、嫌味《いやみ》を言われて嫌な思いをさせられた相手に会ったら、不愉快な気持ちになりますよね。これは、脳が過去の記憶と照らし合わせることで「不快」という感情を抱かせているわけです。

しかも、**扁桃体はストレスを受けると、ネガティブな感情を高めやすい**とも言われています。最初はちょっとしたイライラだったのがだんだん大きくなり、相手に対して攻撃的になったりするのは、扁桃体の暴走が原因かもしれません。

もちろん人はこの暴走をただ放置しているわけではありません。気に入らないからとむやみに人を攻撃していては、周囲との関係を築くことはできませんよね。社会的な立場を考えて大人の対応を取るわけです。**扁桃体が暴走しそうになった時に「まあまあ、落ち着いて」というなだめ役を担うのが、大脳新皮質の前頭前野**という部分です。

このように、私たちのネガティブ感情は扁桃体で作り出され、それを前頭前野がコントロールしています。しかし、扁桃体と前頭前野がお互いに連絡を取り合いながら感情の折り合いをつけてはいますが、感情は好むと好まざるとにかかわらず、次々に生まれてきます。自分の意思で抑えようとすることが増えれば、それが新たなストレスになり、脳も疲れてしまうのです。

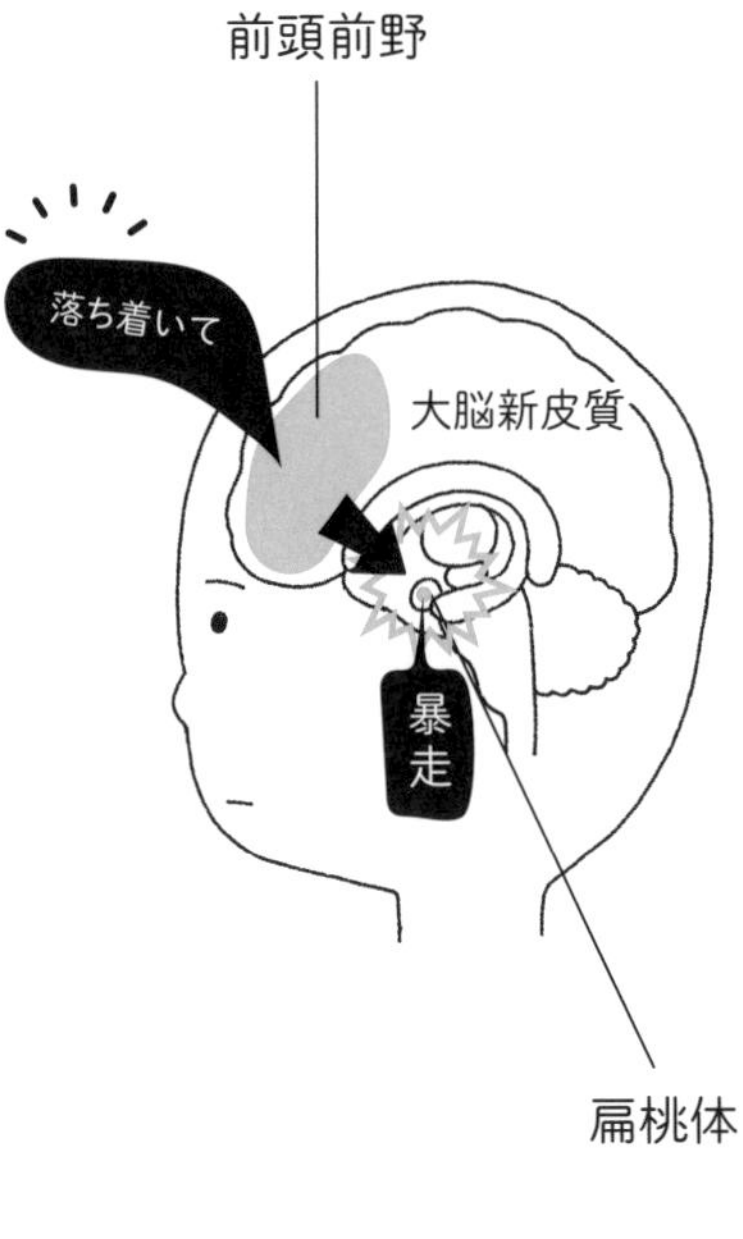

脳が疲弊するとネガティブ感情を抱きやすい

「これからどうなってしまうのかな……」
「なんでうまくいかないのだろう」
「どうして私だけ？」

こんなふうにイライラ、モヤモヤしながら考えている間、脳はずっと稼働状態です。なんとかコントロールしようと頑張り続ければ、脳もだんだん疲弊してくるでしょう。

スマートフォンもバッテリーの充電が少なくなると、インターネットの速度が遅くなったり、うまく接続できなくなったりすることがありますよね。脳も同じです。**使いすぎやエネルギー不足によって、正常な働きができなくなってしまいます。**

外部からなんらかのストレスを感じると、脳内では扁桃体の判断によって、次のような神経伝達物質が分泌されます。

神経伝達物質の一例

セロトニン：精神を落ち着かせて安定させる脳内物質。ノルアドレナリンやドーパミンをコントロールする。
ノルアドレナリン：興奮性の脳内物質。やる気や集中力、怒りをコントロールする。
ドーパミン：興奮性の脳内物質。快楽や意欲をコントロールする。
GABA：神経を落ち着かせ、ストレスを抑制する。
オキシトシン：神経をリラックスさせ、幸福感をもたらす脳内物質。鎮痛効果のほか、食欲をコントロールする働きも期待されている。

これらのバランスを取りながら、身体や感情のコントロールをしているのですが、しかし、**脳が疲弊すると、脳内物質をバランスよく維持することができなくなる**のです。
たとえば、セロトニンという脳内物質は精神を安定させる働きを持っています。ストレスが続くとそれを鎮めるために多量に消費され、脳内はセロトニン不足になります。ノルアドレナリンとドーパミンの分泌をコントロールしていたセロトニンが足りなくなると、この2つの脳内物質の分泌が制御できなくなってしまいます。

・ノルアドレナリンが不足⇓「どうでもいい」など、物事へのやる気や興味が低下。
・ノルアドレナリンが過剰⇓「いいかげんにしろ」と周囲に攻撃的になったり、「心配で眠れない」と不安や恐怖を抑制できなくなったりする。
・ドーパミンが不足⇓「何もしたくない」と意欲が低下。
・ドーパミンが過剰⇓「もっとやれ！」と行動がいきすぎたり興奮状態を抑えられなくなったりする。

セロトニンが不足しているだけで、このような影響が出てきてしまうのです。

もしネガティブな感情から抜け出せずにいるとしたら、脳内の神経伝達物質のバランスが乱れているのかもしれません。**「ちょっとセロトニンが足りないのかも……」などと視点を変えて考えてみると、気持ちを切り替える方法も探しやすくなるでしょう。**

ネガティブ感情になりやすい人、なりにくい人

ネガティブ感情に特にかかわりのある脳内物質が、セロトニンとノルアドレナリンです。

うつ病などの治療では、脳内のセロトニンやノルアドレナリンの濃度を高めるための薬剤を使用するのですが、それほどこの2つの脳内物質は感情と深いかかわりがあるのです。特に、「幸せホルモン」の1つとして紹介されることも多いセロトニンは、外からの刺激（ストレス）に抵抗する力ともかかわりがあるので、ネガティブ感情の生まれやすさにもつながると考えられます。

脳内に分泌されたセロトニンは、「セロトニン・トランスポーター」というタンパク

質によって運ばれます。セロトニン・トランスポーターには、運べるセロトニンの量によって3つの遺伝子型があると言われています。それぞれの遺伝子型が持っているバケツの大きさが違うと考えると、わかりやすいかもしれません。

大きなバケツタイプは、一度にたくさんのセロトニンを運ぶことができます。ストレス耐性が高く、ストレスを感じる環境でも精神的に安定した状態を保つことができます。

小さなバケツタイプは、運べるセロトニンの量が少ないため、ストレス耐性が低く、物事をネガティブにとらえがちになります。

その中間、普通のバケツタイプは、ごく平均的な量のセロトニンを運ぶことができると考えられます。

ちなみに、アメリカ人やアフリカ人には「大きなバケツタイプ」の人が多く、日本人やアジアの人には「小さなバケツタイプ」の人が多いと言われています。ちょっとしたことで、イライラしたり、落ち込んだりするという方は、このバケツの大きさが影響しているのかもしれません。

セロトニン・トランスポーターの型は
3種のバケツサイズで考えるとわかりやすい

大きなバケツタイプ

たくさんのセロトニンを運べる。
ストレス耐性が高い◎

普通のバケツタイプ

ごく平均的な量の
セロトニンを運べる。
ストレス耐性も中程度○

小さなバケツタイプ

運べるセロトニンの量が少ない。
ストレス耐性が低い△

男性脳と女性脳によっても感じ方が違う

脳に「男性脳」と「女性脳」があるという説をご存じですか？

男性脳と女性脳では、右脳と左脳を結ぶ「脳梁《のうりょう》」と呼ばれる部位の一部に違いがあると言われています。女性脳のほうが男性脳よりもその部分が太いのです。

通信のケーブルが太いほうが大容量の情報を一度に送ることができるように、脳梁が太いほうが右脳と左脳の情報のやり取りがスムーズになります。そのため、諸説ありますが、**女性脳は左右の脳を一緒に使う、男性脳は左右の脳を分けて使う傾向にある**、と考えられています。

また、男性脳と女性脳は分泌されるホルモンにも違いがあり、それが感情にも影響してきます。たとえば、「エストロゲン」という女性ホルモンと、「テストステロン」という男性ホルモンもその1つです。

エストロゲンは生理周期を作り、肌や髪を美しく保つもとになっています。そのほかにも出産に備えて痛みに強く、丈夫で柔らかな体を維持するように働きます。また、エストロゲンはセロトニンの生成にもかかわっていると言われ、不足するとセロトニンも減少してしまいます。そのため女性が更年期に入ると、イライラしたり憂鬱な気持ちになったり、感情をうまくコントロールできなくなるのです。

一方、男性ホルモンのテストステロンは、攻撃性や性欲、支配力、競争意識などに関係しています。また、大脳の扁桃体に働きかけ、ネガティブな感情を抑制すると言われています。テストステロンが減少すると、意欲が低下したり、ネガティブな感情が表れたりして、いわゆる男性更年期のような状態になってしまいます。

男性脳・女性脳という言い方をしていますが、それが実際の性別と一致するとは限りません。実際、胎児の時はみんな女性脳で、男性脳になるかどうかは、胎児の時に男性ホルモンを浴びるかどうかで決まるそうです。エストロゲンは少量ながら男性でも分泌されますし、テストステロンは女性でも分泌されています。つまり、男性脳・女性脳の度合いには個人差があるということです。外見は男性なのに心は女性、外見は女性なのに心は男性という人もいます。「この考えは、男性らしくないな。自分はおかしいのかな」「女性だけど、乗り物や怪獣が好き。人には恥ずかしくて言えない」など、社会的に作られてきた「男性（女性）はこうあるべき」という枠にとらわれて悩むことはありません。自分の感情と向き合い、うまく付き合っていくことができれば、それでいいのではないでしょうか。

睡眠不足がネガティブ感情を呼び起こす

脳が疲弊した状態になると、ネガティブな感情になりやすくなります。**脳を疲弊させる大きな要因の1つが、睡眠不足**です。

睡眠不足が続いて、頭がぼーっとしたり、体の疲れが取れなかったりしたことはないでしょうか。睡眠は心身を休ませるためにも欠かせないものです。質の良い睡眠が取れるように心がけていきたいものです。

睡眠は、眠りの深さなどによって大きく「レム睡眠」と「ノンレム睡眠」に分けられます。眠りにつくと、まずノンレム睡眠に入り、だんだんとレム睡眠に変わっていきます。そして、その後はノンレム睡眠とレム睡眠を90分ほどの周期で繰り返し、朝の目覚めに向かっていきます。

では、このレム睡眠とノンレム睡眠には、どのような違いがあるかを紹介しましょう。

レム睡眠とは、全身の筋肉が脱力して、夢を見ている状態。つまり、**「体は寝ているけれど、脳は起きている」という状態**です。家族や友達の寝顔を見た時に、まぶたがピクピクと動いていることはなかったでしょうか。脳が活発に働き、目が急速に動いていることから、Rapid Eye Movement（急速眼球運動）の頭文字を取って、REM（レム）睡眠と呼ばれているのです。

もう1つのノンレム睡眠は、**「脳も体も休むモードになっている」状態**です。目の動きがないのでnon－REM（ノンレム）睡眠と呼ばれています。

ノンレム睡眠の時、体は副交感神経が優位の状態で、血圧や心拍数、呼吸、体温などが低下します。さらに、疲労回復や子どもの成長促進などを行う「成長ホルモン」の分泌量が増えるのも、ノンレム睡眠の時です。このノンレム睡眠が足りないと、脳を休ませることができません。

また、ノンレム睡眠は、その眠りの深さによって4つの段階に分けられています。入眠から第1段階はごく浅い眠り、第2段階で呼吸が整って睡眠状態が安定し、さらに第3段階、第4段階で眠りは深くなります。そして、目覚めに向かうほど眠りの深度が浅い状態が増えていきます。

睡眠が足りないと、体が休まらないだけでなく、脳内の整理も十分にできません。言ってみれば散らかった部屋の中で工作をしているようなもので、材料が見つからなかったり、間違えて違う材料を使ってしまったりするかもしれません。

同様に、**睡眠は記憶の定着にも大切な役割を果たしています。**

たとえば、漢字や英単語の暗記や、昨日の自分の行動の記憶は、ノンレム睡眠の第3段階、第4段階に固定化すると言われています。また、自転車の乗り方や泳ぎ方のように体で覚えるような記憶は、レム睡眠の時に固定化するそうです。

試験前に徹夜で漢字や英単語を覚えようとする学生さんがいますが、無理をせずに3時間（90分×2）、少なくとも90分でも一度睡眠を取ることで、記憶が定着して覚えられるようになります。数学や物理の研究者の方でも、ずっと解けずに悩んでいた問題が、一晩寝ると解けることがあるというエピソードがあります。

質の良い睡眠をしっかり取ることで、脳内の整理もうまく行うことができるでしょう。

睡眠のサイクル

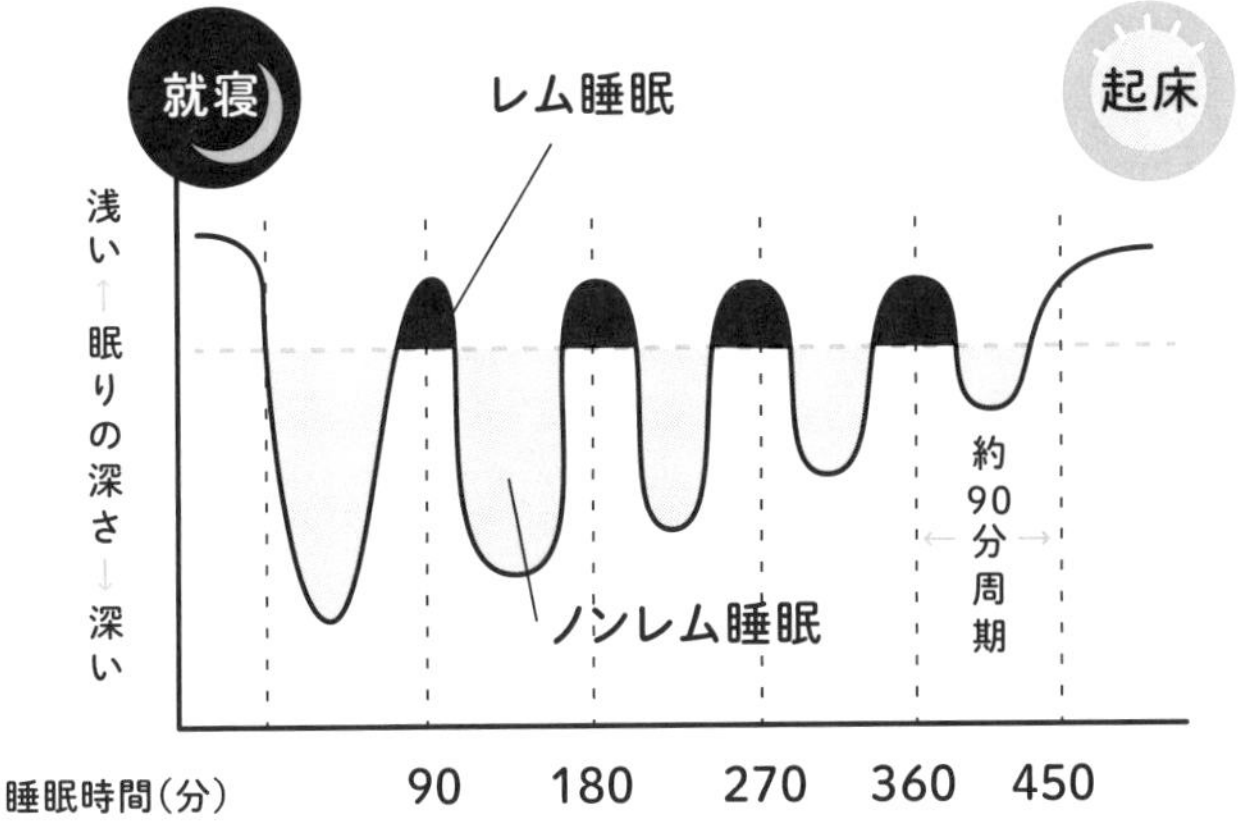

レム睡眠

⇓

体は寝ているけれど、脳は起きている

ノンレム睡眠

⇓

脳も体も休みモードになっている

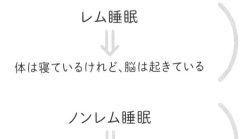

ところで、睡眠不足と感情について、国立精神・神経医療研究センターの三島和夫部長らが、大変興味深い実験を行っています。

その実験とは、まず、健康な成人男性に5日間の「充足睡眠セッション（平均睡眠時間約8時間5分）」と5日間の「睡眠不足セッション（平均睡眠時間約4時間36分）」の両方を体験してもらい、その時の脳活動の変化を調べるというものです。

それぞれのセッションの最終日、被験者に様々な表情の写真を見せ、その際の脳活動の変化を機能的MRIで測定したところ、「恐怖の表情」の写真を見た時に、睡眠充足時に比べて睡眠不足時のほうが、左脳の扁桃体の活動が増えたそうです。同様に「幸せな表情」の写真も見せたそうですが、睡眠不足時でも扁桃体の活動が増えることはなかったと言います。

つまり**睡眠不足時には、ネガティブな刺激に対してのみ扁桃体が過剰に反応する**ことがわかったのです。

本書でも扁桃体の働きを前頭前野が抑制するという説明をしていますが、この実験によって、健康な人でも5日間の睡眠不足で左脳の扁桃体の活動度合いが高まり、度合いが高まるほど、不安や抑うつの症状が強くなる傾向にあることも確認されています。

思うに、人は生存本能によって、生命の危機を回避することを最優先します。脳が疲れている状態では、幸せな表情よりも生死にかかわりそうな恐怖の表情のほうに反応したのも自然なことだと思います。

なんとなく気持ちが落ち込んだ時、イライラしてしまう時など、もしかすると寝不足で脳が扁桃体をうまく制御できていないことも考えられます。とりあえず寝てみると、脳の疲労が回復し、気持ちを落ち着けることができるかもしれません。

脳の指令で心も体も揺れ動く

私の病院に診察に来られる方の多くは、「だるくてどうしても仕事に行けなくて……」「食欲がなく、毎日眠れません」など、自分の体に異変を感じて相談にいらっしゃいます。

体調不良で内科に行ってみたけれど原因がはっきりしない。様々な診療科を巡っても理由がわからずに、精神科に来て初めて自分がうつだとわかったという方も少なくありません。

心の不調が体調不良となって表れるのは、脳が自律神経ともつながっているからです。

ここまでお伝えしてきたように、私たちの感情は、脳内の扁桃体が快か不快か、安全か危険かを判断することで生まれます。その情報が扁桃体から「視床下部」と呼ばれる総合中枢に伝えられ、自律神経に指令が出されるのです。

自律神経には、交感神経と副交感神経の2種類があります。よく**交感神経はアクセル、副交感神経はブレーキ**に例えられますが、**視床下部というドライバーが、このアクセルとブレーキを使いながら、体の様々な機能を制御している**わけです。

たとえば、急に目の前に人が現れたら、びっくりして心臓がドキドキしますよね。その人が敵か味方かもわかりません。もし敵だった場合、戦うのか逃げるのかを瞬時に判断しなければなりません。その情報を集めるために、目の瞳孔が開き、呼吸が速くなり、心拍数を上げて大量の血液を身体中に送ります。内臓の休めていていい部分にはエネルギーを使わず、生命を守るほうにエネルギーを集中させていくのです。よく見たら相手が家族や友達で、臨戦態勢を取る必要などなかったかもしれませんが、まず生命を守る。そのために視床下部はためらうことなくアクセルを全開にし、交感神経を働かせます。

一方の副交感神経は、交感神経の反対です。家でリラックスして過ごしている時は、心拍数は低くなり、血管が緩んで血圧も下がります。これは視床下部が、副交感神経というブレーキを踏んだ状態。体を休め、体力を回復させるように働くのです。

感情の種類によって交感神経、副交感神経のどちらが優位になるかが異なってきます。怒りやイライラを感じている時は交感神経が優位に、悲しみや寂しさを感じている時は副交感神経が優位になります。反対にポジティブな感情の場合、喜びを感じる時には交感神経が、安らぎや幸せを感じる時には副交感神経が優位に働きます。

感情によって変わる自律神経の働き

・交感神経が優位になる感情
驚き・怒り・憤り・恨み・恐れ・嫌悪・歓喜・やる気

・副交感神経が優位になる感情
悲しみ・寂しさ・落ち込み・懐かしみ・安らぎ・リラックス

また、自律神経は内分泌系（ホルモンなど）や免疫系（白血球・リンパ球など）とも深くかかわっています。様々な伝達物質を介して情報をやり取りしながら、互いに影響を及ぼしているため、ストレスを抱えて脳が疲弊していると伝達がうまくいかず、体の様々なところに症状として表れてくるのです。

ネガティブ感情は性格と環境で変わる

同じ出来事でも、それをネガティブにとらえる人と、ポジティブにとらえる人がいます。

「毎日頑張っているね」と上司に声をかけられた時に、**「ちゃんと私の仕事ぶりを評価してくれているな。うれしいな」**と感じる人もいれば、**「本当はできない奴だと思っているに違いない。もっと頑張れということなの？」**と、相手を疑い、自分の能力も疑ってしまう人もいます。

誰にでもネガティブな感情はあるものです。ただ、**ネガティブ感情に振り回されるかどうかは個人差があります。**こうした違いが生まれる大きな要因は2つ。1つは「本人の性格」で、もう1つは「環境」です。

本人の性格というのは、親から引き継いだ遺伝的なものや、日本人としての教育を受けていく中で育まれた国民性などです。そして、環境は、自分が育ってきた周辺の環境のことを言います。

たとえば、子どもの頃に家庭環境に恵まれず、親から暴力や暴言を受けた、家族と離れて暮らしていたなど、困難な環境の中で育った人は、ネガティブな感情に引っ張られやすくなります。安定した暮らしができているかどうかで、その傾向は大きく変わってしまうのです。

幼少期の環境は、自分では選ぶことはできないですよね。しかし、「なぜ自分は悪いほうに考えてしまうのだろう」「ネガティブな感情から解放されたい」と考えた時、**自分の置かれていた環境に目を向けることも大切**だと思います。自分の感情の傾向を知れば、ネガティブ感情を切り替える方法を探る際にも役立つはずです。

ごはんのやけ食いは、ネガティブ感情のサイン

悩みやストレスを感じていると、それから逃れるために、つい暴飲暴食をしがちです。そして食べるものは、大抵ラーメンやパスタ、スイーツなど、脂質や炭水化物たっぷりのものが多いのではないでしょうか。

脳のエネルギー源となるのは、炭水化物から作られるグルコースと呼ばれる単糖類です。ネガティブな感情で脳が疲れてくると、エネルギーとなるグルコースが欲しくなるのです。実際、炭水化物をたくさん食べることで一時的に脳は落ち着きを取り戻します。

しかし、この方法ではその場しのぎに過ぎないですし、何よりも健康に良いとは言えません。また、糖質の摂《と》りすぎは血糖値を急上昇させ、膵臓《すいぞう》からインスリンが過剰に分泌されて、かえって低血糖状態を招くことにもなりかねません。動悸《どうき》がしたり、イライ

ラしたり不安になったりするのでは、炭水化物を食べて気持ちを落ち着けようという目的すら果たせなくなってしまいます。**炭水化物の量はほどほどに、食べる時には食物繊維を多く含む野菜を先に食べることで血糖値の急上昇を防止できます。**ぜひ、野菜ファーストを心がけてみてください。

本章で、ストレス耐性を高め、心を安定させる神経伝達物質セロトニンについて紹介しましたが、セロトニンを作り出すための原料は、タンパク質に含まれる「トリプトファン」という必須アミノ酸です。偏った食事でタンパク質が不足すると、トリプトファンも足りなくなり、セロトニンを作ることができません。結果、ネガティブな感情を起こしやすくなってしまいます。そもそも日本人は、タンパク質の摂取量が少ないと言われています。**できるだけタンパク質を食事にうまく取り入れて、セロトニン不足を回避できるようにしていきましょう。**

トリプトファンは肉類に多く含まれています。しかし、肉ばかりに偏らず、様々なタンパク質をバランスよく食べることが重要です。

脳がストレスを受ける

⇓

脳が糖を求める

⇓

炭水化物や甘い物が食べたくなる

先に野菜を食べるという
「順番」がポイント!

▲糖質の摂りすぎに気をつけたい食品

・白米、パン、パスタ、ラーメン、うどん、ケーキ、ドーナツ、果物、ジュース、お好み焼きなど

○トリプトファンを多く含む食品

・肉／魚
・大豆製品（豆腐、納豆、味噌、しょうゆなど）
・乳製品（チーズ、牛乳、ヨーグルト）
・その他（ごま、ピーナッツ、卵、バナナなど）

また、トリプトファンからセロトニンを作り出す際には「葉酸」「鉄」「ナイアシン」「ビタミンB6」なども必要です。それぞれ、食事の中でバランスよく取り入れていきましょう。

葉酸を多く含む食品

・肉類（レバー類）
・魚類（ウニ、ホタテ、ウナギの肝）
・野菜類（枝豆、ほうれん草、アスパラガス、とうもろこし）
・果物類（アボカド、ライチ、イチゴ）
・海藻類（わかめ、海苔）

鉄を多く含む食品

・肉類（レバー類、牛もも肉赤身）
・魚類（かつお、まぐろ、いわし）
・野菜類（枝豆、ほうれん草、小松菜）
・卵、大豆類（卵、納豆、豆腐、大豆）
・海藻類（ひじき）

ナイアシンを多く含む食品

・肉類（豚レバー、牛レバー、鶏むね肉）
・魚類（かつお、まぐろ、たらこ）
・きのこ類（エリンギ、まいたけ、干ししいたけ）
・ナッツ類（ピーナッツ、アーモンド）

ビタミンB6を多く含む食品

・肉類（豚ヒレ肉、鶏ささみ）
・魚類（かつお、まぐろ、鮭）
・野菜類（にんにく、ブロッコリー、トマト）
・穀類（玄米）
・果物類（バナナ）

「甘いものが食べたい」は脳からのSOS

無性に甘いものが食べたくなるのも、**脳が「疲れている」とサインを送ってきているから**かもしれません。イライラしたり、落ち込んだりした時には、とりあえず飴《あめ》やチョコレートなどの甘いものを口に入れると、少し解消された気持ちになるでしょう。

砂糖を含む甘いものを食べると、グルコースはすぐに脳に届きます。そして、脳内の快感中枢が刺激されることで、「エンドルフィン」という物質が分泌されます。エンドルフィンには、気持ちを落ち着かせたり、幸福感をもたらしたりする効果があると言われています。

また、砂糖を含む甘いものは、セロトニンの分泌をアップさせるとも言われています。その意味でも、とりあえずストレスを緩和するためには、甘いものを摂るのも1つの方法だと思います。

ただし、手っ取り早い方法でエンドルフィンを分泌する方法を脳が覚えてしまうと、「甘いものがやめられない」という状態になる可能性があります。もちろん、甘いものばかり食べていれば太ってしまいますし、健康のためにも良いとは言えませんよね。このような事態にならないよう、**甘いものはあくまでも非常用の手段として用意しておくことをおすすめします。**

「仕組み」を知ることが「整理術」の第一歩

人がストレスを感じると、脳はギアを上げて対処しようとします。様々な脳内物質が脳内の情報を伝え、また、体へと伝えていきます。しかし、あまりに負荷が大きいと、エネルギーが切れたり、脳内物質のバランスが崩れたり、ネガティブな感情から抜けられないという事態もあるでしょう。

まずは**自分の脳の中でどんなことが起きているかを把握することで、現状に対する対処方法も探しやすくなります。**

心が安定し、穏やかな状態というのは、脳のギアがアクセルでもブレーキでもなく、ニュートラルにある時だと思います。

ネガティブな感情からニュートラルな状態にギアを戻しやすい人、戻しにくい人はいますし、レベルも様々です。ただ、**視点を少し変えてみることで、ギアを戻す糸口は見つけることができる**でしょう。生活習慣、食生活など、日常生活の中で、自分の取り組みやすい方法をぜひ見つけていただきたいと思います。

本書でも、その方法について後ほど紹介していきます。

第2章

インターネット社会が感情を疲弊させる

もはやスマホなしでは生きられない

ネガティブ感情を語る上で、避けては通れないのがインターネットです。仕事でもプライベートでも、インターネットを利用しない日はないでしょう。様々な情報を得たり、知らない人と簡単につながったり、その恩恵はとても大きいですが、その反面、ネット上だからこそ起こってしまうトラブルに、心を痛めている人も多いと思います。

まずは、スマートフォンについて考えてみましょう。スマートフォンは、今や私たちの生活に欠かせないものになっています。もちろん私も、診療中は使わないものの、病院スタッフや家族との連絡などにスマートフォンを使っています。個人的には必要な時に利用するというイメージですが、中には長時間使い続けるという方もいますよね。

ＩＣＴ（情報通信技術）に関する市場調査などを行う株式会社ＭＭ総研が２０２３年に実施した調査では、１週間当たりのスマートフォンの平均利用時間は、約20時間（１１８９分）だったそうです。単純に計算すると１日当たり３時間弱。知らず知らずのうちに使っているという人が多いのかもしれません。

生活を便利にしたり、楽しんだりするためにスマートフォンを使いこなすならいいのですが、四六時中スマートフォンが手元から離せない、スマートフォンがないと不安で仕方がないというのは、少しいきすぎている感じがします。

あなたのスマートフォン依存度の目安になるよう、「スマホ依存度チェック表」を作成しました。

次の10項目のうち、当てはまる項目にチェックをしてみてください。チェックの数が多いほどスマートフォンへの依存傾向が強いと考えられます。

スマホ依存度チェック表

□	スマホがないと落ち着かない
□	気がつくと長時間スマホを見ていた、ということがよくある
□	人と直接話すより、SNSやメールでやり取りするほうが多い
□	人と会話しながらスマホをチェックしている
□	お風呂の時、浴室までスマホを持っていく
□	少し時間が空くとスマホを見ている
□	寝る間際までスマホを使い、枕元に置いて寝ている
□	スマホを忘れたら、待ち合わせに遅れてでも取りに戻る
□	仕事や勉強の最中にもスマホをチェックしたくなる
□	歩きスマホを頻繁にしている

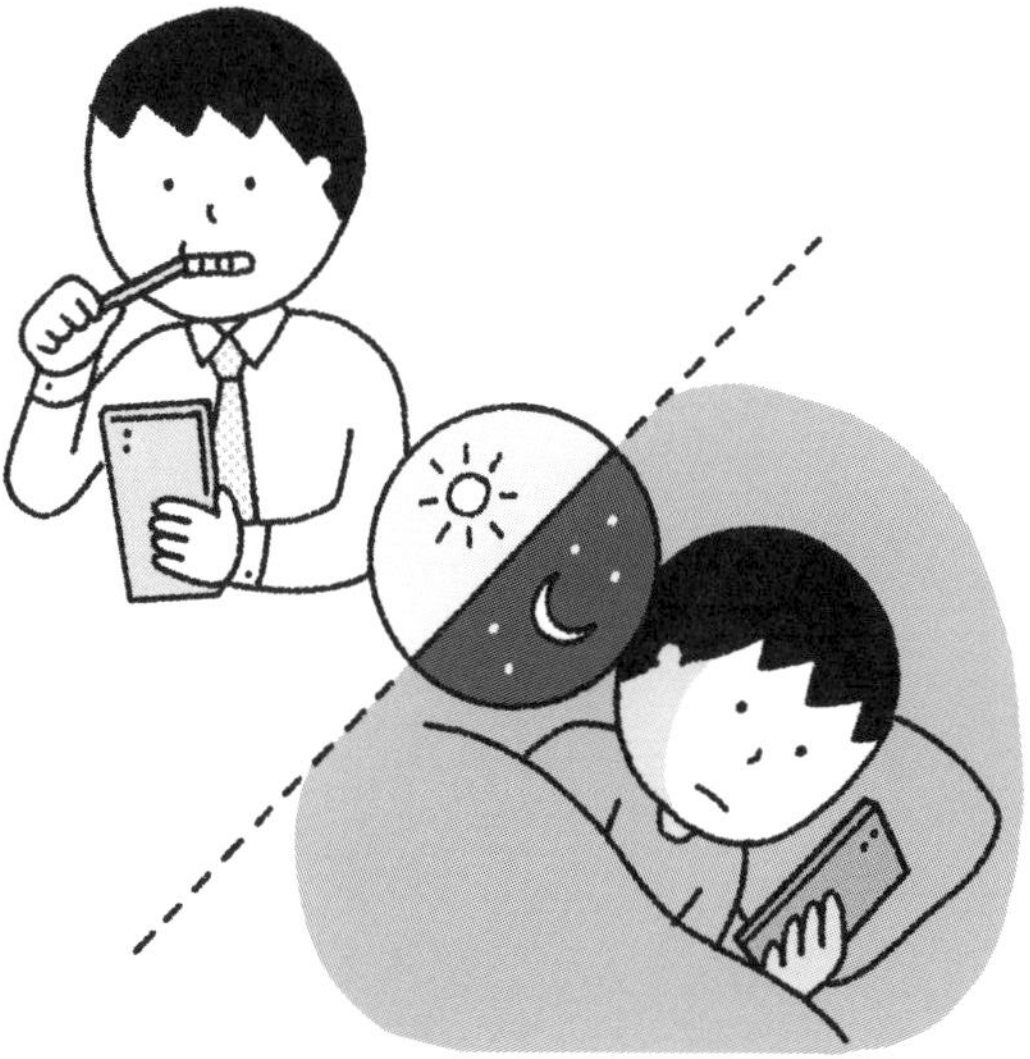

チェックの数が……

0〜2項目	依存の心配はなさそう
3〜5項目	依存の可能性あり
6〜8項目	依存と考えられる
9項目以上	かなりの依存と思われる

最近は、1日中スマートフォンを手元から離せない、食事中や入浴中、トイレの中でもスマートフォンを手放さない人もいると聞きます。なんとなく気分が落ち込む、体調が優れないという方で、チェックのついた項目が多いという場合は、原因がスマートフォンの使いすぎにあるのかもしれません。実際、私が担当する患者さんの中でも、**寝る前のスマートフォンの使用を控えたところ、心身の状態が改善した**という方がかなりいらっしゃいます。

急に長時間手放すのは難しいと思いますが、せめて寝る前だけはスマートフォンを手元に置かないなど、できるところから使用時間を減らす工夫をしてみるといいでしょう。

動画の「倍速視聴」に脳は置いていかれる

スマートフォンの使い道で多いのは、動画視聴、インターネット、SNSの3つです。利用するスマートフォン端末の性能はどんどん良くなっていますし、データの通信速度も速くなっています。今はどこでもストレスなくスマートフォンを利用できる環境が整っていますよね。

ここでは動画視聴について考えていきたいと思います。

YouTubeやドラマ、映画など、インターネットで動画を視聴する人は多いですよね。しかし、忙しい日常で、動画をゆっくり見ている余裕がないという人も少なくありません。今や20代、30代の2人に1人が動画を倍速視聴したことがあり、4人に1人が1・5倍以上の速さで視聴しているそうです。たくさんの動画コンテンツがあふれていて、話題の映画やドラマをチェックしておかないと周囲の話題に乗り遅れてしまう。でも、自分の時間は他のことにも有効に使いたい。そんなタイムパフォーマンスを重視する姿勢が動画視聴にも表れていると感じます。

ただ、**動画の倍速視聴は、脳にとってはかなりの負荷になっています。**というのも、脳には様々な部位があり、情報を見たり、聞いたりする役割と、それを理解して様々な感情をコントロールする役割は違う部位が担っているため、**情報のスピードが速すぎると脳の処理が追いつかなくなってしまう**のです。

なんとか処理しようと働いていると、情報の取りこぼしも起こり、それが集中力や推察力の低下となって表れてきます。ストレス解消のために大好きなドラマやお笑いを視聴しているはずなのに、登場人物に感情移入ができない、番組の内容に没頭できずにただ「見ているだけ」という状況になっているという方は、脳が疲れているのかもしれません。

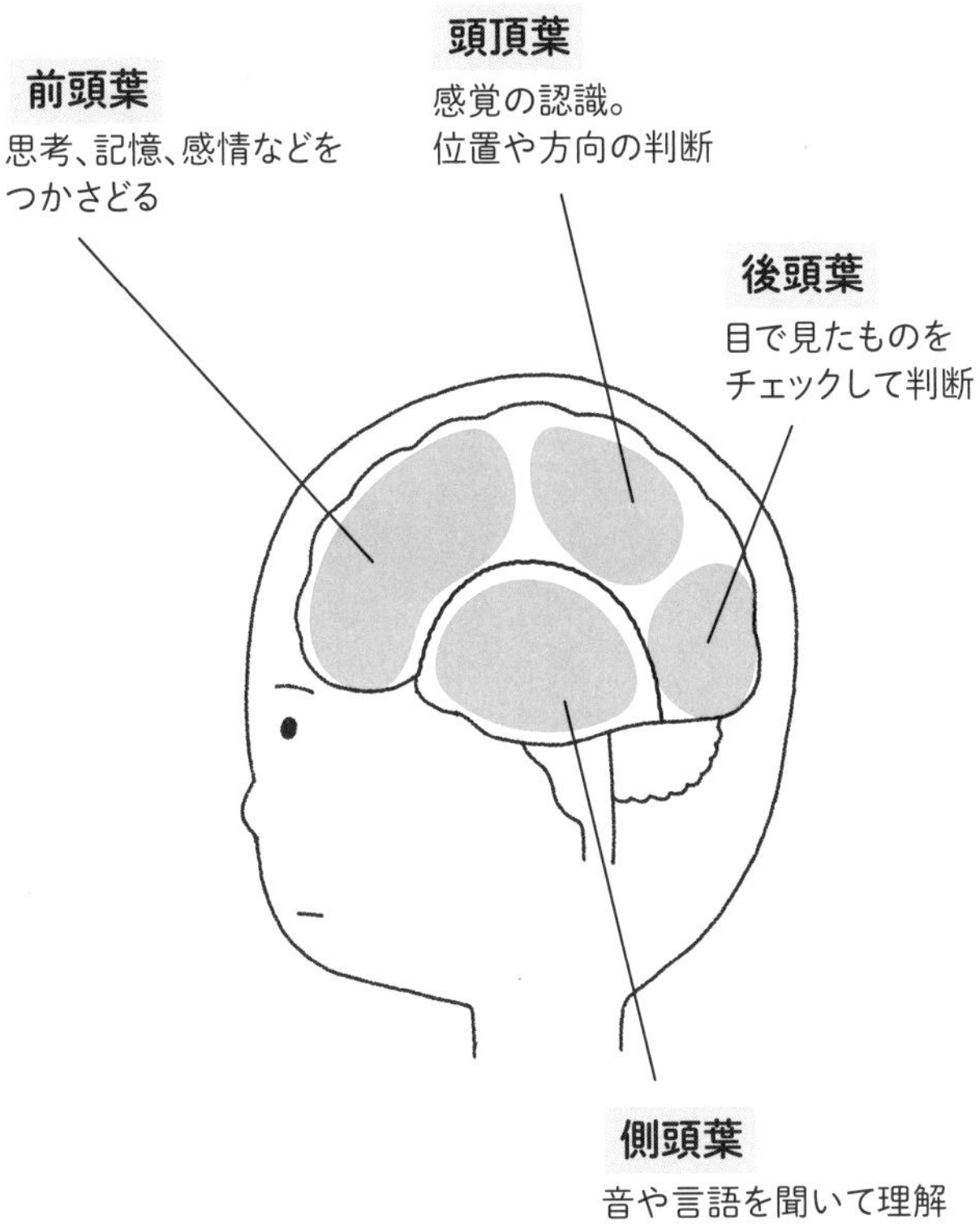
前頭葉
思考、記憶、感情などをつかさどる
頭頂葉
感覚の認識。位置や方向の判断
後頭葉
目で見たものをチェックして判断
側頭葉
音や言語を聞いて理解

- 脳にはエリアごとに役割がある
- 単純な情報処理は倍速でできても、感情処理がともなうと伝達が追いつかない

ストレス解消で動画を見る時は、ゆっくりとそれを楽しむくらいの心の余裕が欲しいものです。そして、個人的には、少し前の映画を見ることをおすすめします。

なぜなら今の作品は、倍速視聴でも楽しめることを念頭に作られているものが多いように感じるからです。それに比べると、以前の作品は倍速視聴されることなどまったく想定されていません。だからこそ、ストーリーの行間にまで丁寧に展開が積み上げられていると思うのです。

作品に浸り、感動したり共感したりして、思い切り笑ったり涙を流したりしてみてください。そうすることで、副交感神経が活発になり、脳も癒されるのです。

情報過多がネガティブな感情を呼ぶ

街で知らない言葉を見つけて「これ、どういう意味だろう？」と思ったことはないでしょうか。そんな時、自分のスマートフォンで意味を調べ、「なるほど」とスッキリした経験のある方も多いと思います。

昔は重たい辞典で調べていたような事柄も、今はスマートフォンにキーワードを入力して検索するだけで、すぐに答えが得られます。さらに、チャットGPTのような生成AIに質問を投げれば、例まであげて詳しく解説してくれたりします。

知りたい情報は、インターネットでなんでもすぐに手に入る便利な時代です。しかし、その反面、**あまりに多くの情報がありすぎて、情報過多の状態になっている**とも言えます。

その中から**必要な情報をピックアップするために、脳はまた処理に追われます。**そして、どんどん疲れが蓄積するとダウンしてしまうのです。

インターネットを使っている時でも、アクセスが集中しすぎて目的のサイトにつながらない、さらには、そのサイトのサーバー自体がダウンしてしまうことがありますよね。

情報過多の脳の状態は、まさにサーバーダウン寸前と同じです。

処理の許容範囲を超えて負荷がかかりすぎたことで、脳全体の機能が低下してしまいます。そのため、やる気が低下したり、イライラしたりするなど、感情がネガティブな方向に向きやすくなってしまうのです。忙しい毎日、自分は普段通りにしているつもりでも、気持ちが上向かない、悪いほうにばかり考えてしまうというのは、収集した情報の取捨選択に脳が疲れている状況かもしれません。その状況で無理をしていると、知らず知らずのうちに抑うつ状態になっていく可能性もあります。

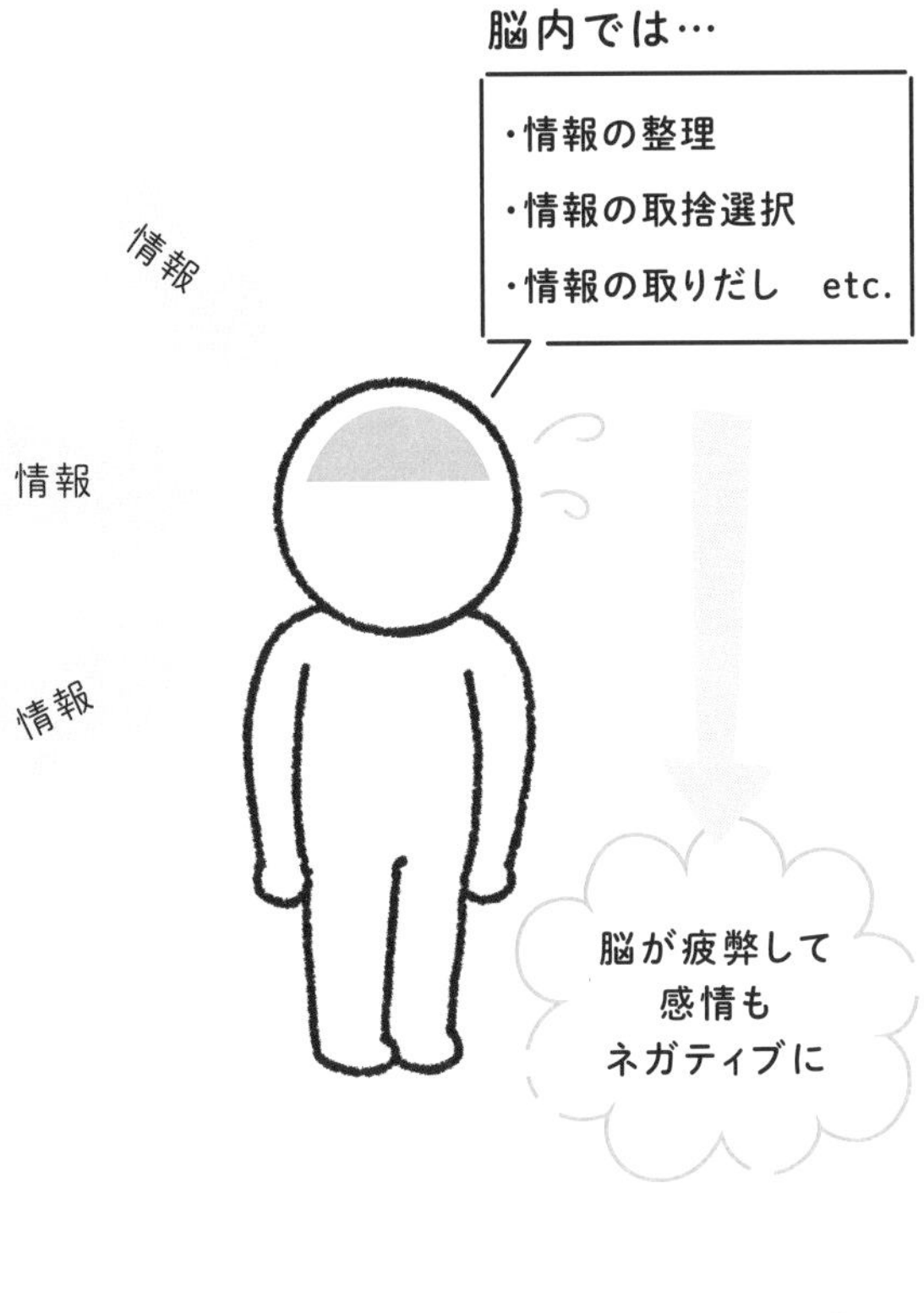

情報であふれかえっている現代では、
脳はアクセスが集中して
サーバーダウン寸前の状態に

時には、**スマートフォンを手から離し、目を休めて、情報から脳を解放してあげることも必要**だと思います。気持ちを癒すつもりでスマートフォンを眺めるという方もいると思いますが、なんとなくネットサーフィンをしたり、好きなゲームをしたりというのも、気分転換をしているようで、実は脳には多くの情報が流入しています。それよりも、お風呂の中でぼーっとしたり、カフェでなんとなく外を眺めてみたり、**脳の働きをオフにする時間を持つようにしてみましょう。**

SNSの人間関係に悩む人たち

ＳＮＳのアカウントを何か１つでも利用しているという人は、世界人口の約６割（約47億人・２０２３年時点）と言われています。日本でもほぼすべての年代でＳＮＳの利用者数は増えています。フェイスブック、インスタグラム、ＴｉｋＴｏｋなど、使っていない人を探すのが難しいくらいでしょう。スマートフォン１つで、誰とでも、すぐにつながることができるのですから、大変便利なツールだと思います。

ここでは、なぜ人がＳＮＳを使いたくなるのかを考えてみたいと思います。

その理由には、次のようなものが考えられます。

・自分の思ったことを自由に発信できる。

・自分にとって都合のいいことだけ発信できる。

・匿名性が高いので、言いにくいことも言える。

・発信した情報に反応がある。しかもレスポンスが早い。

・不快な意見、嫌な意見はブロックできる。

・レコメンド機能で、共感できるような投稿とつながれる。

人の脳というのは、ラクで楽しいことが好きです。1章で大脳辺縁系の扁桃体が「好き・嫌い」「快・不快」を判断すると書きましたが、どう考えても「好き」や「快」のほうを選びたくなるのです。

扁桃体が暴走しすぎないように、大脳新皮質の前頭前野が調整を行うのですが、その働きが弱くなれば、扁桃体の暴走を止めることはできません。スマートフォンを絶えず使って脳が疲れている状態では、気持ちがSNSに向いてしまうのも、当然のことかもしれません。

ただ、SNSというバーチャルなつながりの世界は、少し異常な状況でもあります。

というのも、**自分の個室にいつでも他人がノックなしに入ってくる。しかも、それが一人とは限らずに切れ目なしに続く**のですから、この環境が精神衛生上、望ましいはずはないでしょう。

さらに、常につながってしまうので、一人で心を落ち着かせる時間も取れません。誰かから連絡が来たら、すぐに返事を出さないといけない。そうした強迫観念に苛《さいな》まれることにもなります。

先日、私の患者さんから「先生、〇〇さんからＬＩＮＥで連絡が来るのですが、私は返事をしたほうがいいのでしょうか？」と、相談を受けました。

相手も病院の患者さんで、病院の中で時々顔を合わせることがあり、ＬＩＮＥを交換したそうです。不特定多数が相手というわけではありませんが、いつＬＩＮＥが送られてくるかはわかりません。それがこの方のストレスになっていました。また、病院内で直接会うことがあるのに、ＬＩＮＥでまでつながる必要があるのかという点も大変悩んでいたのです。

私からは「今は先生の指導でＳＮＳの利用を控えているからと伝えてはどうですか？

そうすれば、先方からＬＩＮＥが来ても返事をしなくていいでしょう」とアドバイスをしました。

特に親しい間柄というわけでもなく、そこまで悩まなくてもと思いますが、スマートフォンがこれほど普及した現代では、「連絡をもらったらすぐに返事をしなくては」などと、自分を追い込んでしまいやすくなっているように思います。

もし同じようなことで迷ったり、悩んだりしている方がいたら、一度ＳＮＳから離れてみるのもいいのではないでしょうか。**気持ちが落ち着くと、人とのコミュニケーションがもっと楽しく感じられるかもしれません。**

「いいね！」がつかないと不安になる

誰にでも、人から認められたい、褒められたいという気持ちはあるものです。こうした欲求を「承認欲求」と言いますが、SNSへの投稿も、背景には承認欲求があると思います。

投稿する時には、「かわいい」「素敵」「かっこいい」などと自分の価値を認めてもらうために、何枚も撮った写真からベストなものをセレクトしたり、状況や気持ちが伝わるように文章を工夫したり、それなりに労力をかけるものです。そして、**努力をしたら、その見返りが欲しくなるというのが人情**というもの。せっかく投稿したにもかかわらず、閲覧数が伸びなかったり、「いいね！」がつかなかったり、思うように評価されないと、落ち込んだり、不満や怒りを募らせてしまう人も少なくないでしょう。

多少の落胆は誰にでもあると思いますが、極端に感情が揺れ動くという場合、それは「依存」状態かもしれません。

依存というのは、それがあることに快感を覚え、やめたくてもやめられない状態になることです。アルコールやギャンブル、ゲーム、買い物、薬物など、依存にも様々な種類がありますが、SNSへの依存も、実はこれらと同じです。それがなくなると苦しくなり、さらに依存がエスカレートしていくことになり、大変危険です。

SNSで「いいね！」がついてうれしいと感じている時、脳の中では「報酬系」と呼ばれる脳のネットワークから「ドーパミン」という神経伝達物質が分泌されます。

このドーパミンという物質には、快楽や意欲をコントロールする働きがあります。適切な量であれば「やる気」をもたらしてくれますが、過剰に分泌されると、依存するようになります。しかも、同じ刺激では快楽や喜びを感じられなくなり、さらに強い刺激を求めて、物足りなさや不安を募らせていくようになるのです。

SNSへの依存は、アルコールやギャンブルと違い、周囲の人からは気づかれにくいものです。SNSの投稿をする際には、「いいね！」にあまり固執せず、バーチャルでのつながりを楽しんでみてはいかがでしょうか。

いきすぎると、「いいね!」が
つかないと物足りなかったり
不安になったりするように

自分ルールで暴走する人たち

ここ数年、小学生の憧れの職業と言えば「ＹｏｕＴｕｂｅｒ」でしょう。ひと昔前には想像もできなかった職業ですが、インターネットの普及によって、こうしたところにも変化が生まれてくるのですね。

世の中には多種多様なジャンルのＹｏｕＴｕｂｅｒがいます。テレビでタレントのように活躍し、そこから脚光を浴びて人気が出た人もいますし、世間のひんしゅくを買ってしまう迷惑系ＹｏｕＴｕｂｅｒになる人もいます。

また、私人逮捕系ＹｏｕＴｕｂｅｒとして動画を配信し、自ら逮捕されたというケースも記憶に新しいところです。社会に対していきすぎた正義感で人を捕まえるというのは、どこかコロナ禍の自粛警察と似ているように思います。**「みんなが守っているルー**

ルなら、それを守っている自分は正しくて、守らない人は悪い。だから自分が懲《こ》らしめてやろう」という考え方に基づいているのでしょうが、それがいきすぎると、自分自身が正しい行いから逸脱してしまうこともあるわけです。

もちろん、誰にでも自分のルールはあると思います。それは社会的なマナーであったり、自分独自のものであったり、人によってそれぞれです。「行列には割り込まない」「ゴミを路上に捨てない」というのもルールですし、もっと個人的なところでは「集合時間の10分前には着くようにする」「夜は23時までに寝る」「朝ごはんは必ず食べる」と自分のルールを決めている人もいますよね。

ルールを持つこと自体が悪いわけではありません。ただ、**「こうあるべきだ」と自分のルールに縛られてしまうと、他の人が守っていないことに腹を立てることになります。**

たとえば、自分は集合時間の10分前に着くことを守っていても、集まるメンバーの中には遅れてくる人がいるかもしれません。この時に「集合時間は絶対に守るべきだ」という気持ちが強すぎると、遅れた人に対して腹が立ってきます。相手にも何か事情があったのかもしれませんが、気持ちに融通が利かず、相手を責めてしまうでしょう。

「こうあるべきだ」という考え方をする人は、**物事に対して「こうすべきだ」というルールを無意識に当てはめてしまいがち**です。そして、「絶対こうでなければいけない」という思い込みから「これをしないとダメだ」「やらない人は悪い人だ」という思考に発展し、「やらないなんて許せない」「けしからん！」と怒りをエスカレートさせてしまうのです。

このように怒りの感情がエスカレートしていくのは、ストレスなどで脳内物質のバランスが崩れている時だと考えられます。ストレスに対抗して精神を安定させるセロトニンが不足して、前頭前野が扁桃体の暴走を抑えることができなくなり、感情が爆発してしまうのです。

こうした感情に振り回されたまま、衝動的に自分の意見をインターネットに投稿する人がいますが、それはやめておきましょう。

最初はちょっとイラッとしたことをつぶやいただけかもしれません。しかし、インターネットに投稿する人の中には、匿名性を利用して誰かを罵《ののし》ったり、攻撃したりする人も少なくありません。誰が言っているかわからないから、無責任に過激な言葉を投げてくるのです。心ない言葉の応酬がどんどん激化して、相手を傷つけることも、自分自

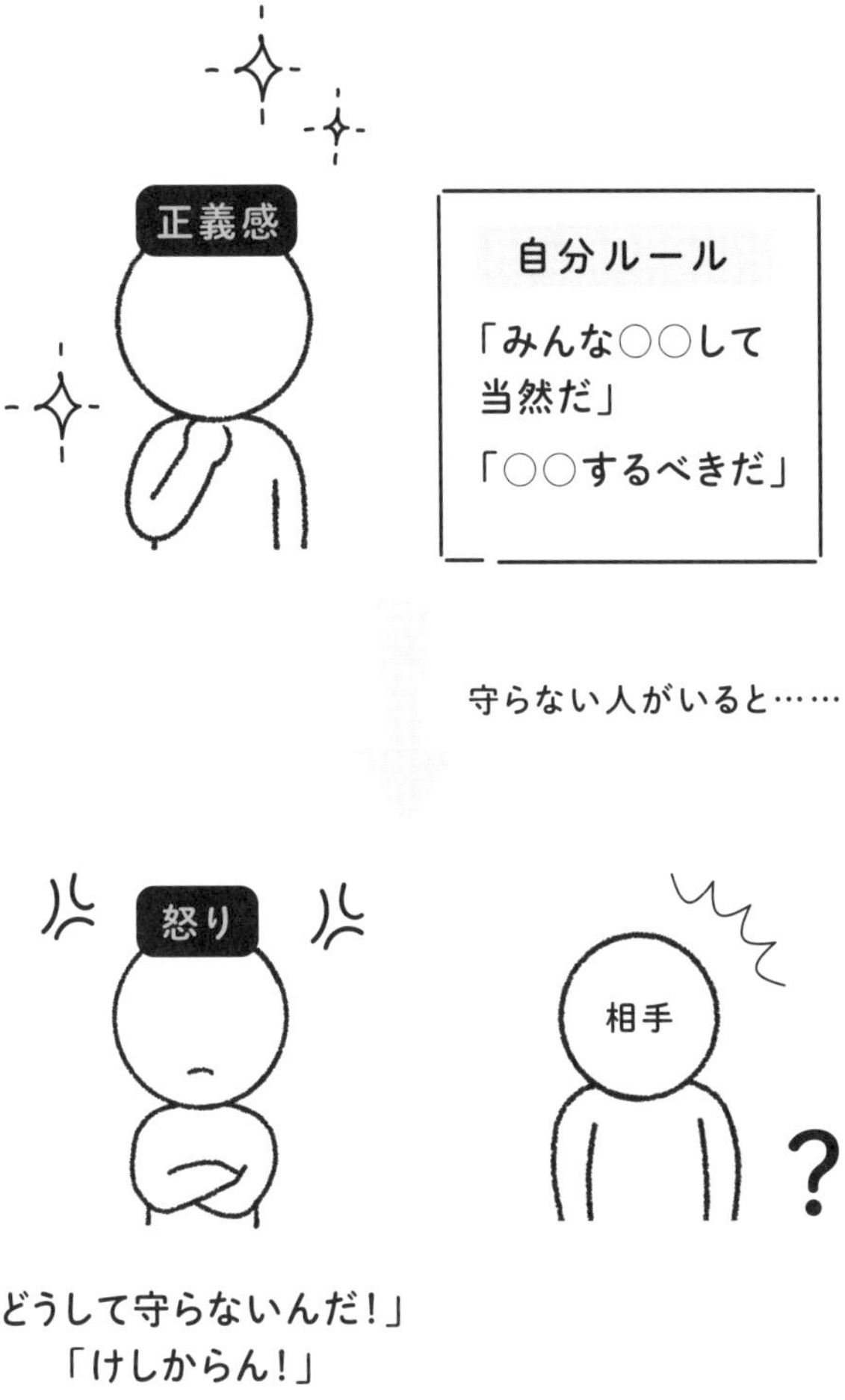
正義感
自分ルール
「みんな○○して当然だ」
「○○するべきだ」
守らない人がいると……
怒り
相手
?
「どうして守らないんだ！」
「けしからん！」

身が傷つけられることもあるでしょう。

もしかすると、相手を言い負かすことで気分はスッキリするかもしれません。ですが、このようなストレス解消法が健康的とは言えませんし、知らず知らずのうちに、自分の心身にもダメージを与えることになってしまいます。

ルールを守らず、人に迷惑をかけてしまう人は確かにいますが、結局、**自分は自分、人は人。誰かの思い通りにはならないものです。**人に対して普段から「こうあるべき」「こうでなければいけない」と考えがちな方は、少し周囲へのハードルを下げておくといいと思います。「これさえできていれば良しとしよう」というスタンスでいれば、自分の意にそぐわないことがあっても、「これくらいならいいか」とスルーすることができるのではないでしょうか。**相手への期待値を下げれば、腹も立たないはずです。**

夜のSNSは感情が暴走しやすい

匿名投稿はただでさえトラブルにつながりやすいですが、より気をつけたいのが、感情的になりやすい夜の投稿です。

なぜ夜は感情的になってしまうのか。そこには自律神経の働きが関係しています。

第1章でも紹介しましたが、自律神経には交感神経と副交感神経があります。日中は交感神経が優位なため、心身は活動的になり、仕事をテキパキとこなすのに向いています。そして、夜にかけてだんだん副交感神経優位に切り替わっていき、心身がリラックスした状態になり、同僚との雑談や食事をするのに向いています。

交感神経が優位の時には、**心身は「頑張るモード」**です。こちらのほうが感情も暴走しやすいのでは、と思われるかもしれませんが、**理性や論理的な考えがしっかりと働い**

ているため、感情をコントロールできるのです。一方、副交感神経が優位の時には、脳は感情的になり、コントロールが利きにくくなっています。それだけに、**落ち着いて考えたら言いすぎだと思うようなことも、感情のままに投稿してしまう**のです。

インターネットの世界は、本人の思いに関係なく情報がどんどん拡散していきます。後で、「あんなことを書かなければよかった」とならないよう、夜の投稿は控えておくほうがいいでしょう。

感情的な投稿で感情がたかぶってくると、寝つきが悪くなり、睡眠の質が低下することも考えられます。睡眠中にしっかり脳が休まらないと、脳はよりネガティブな感情に引っ張られてしまうかもしれません。

また、感情のたかぶりは交感神経にも刺激を与えます。副交感神経が優位になっている時間帯に交感神経を揺さぶるようなことをすると、自律神経のバランスが崩れやすくなります。自律神経の乱れは、ホルモンバランスの乱れや免疫力の低下にもつながります。それが原因で体調面や精神面に不調をきたすこともあります。

夜の時間帯は、明日に向けて気持ちをリセットするという意味でも、できるだけリラックスした状態で、質の良い睡眠が取れるように心がけたいものです。

SNSは他人との比較ツール

友人、知人のフェイスブックやインスタグラムをフォローしている方は多いと思います。相手の近況を知る良い手段ではあるのですが、一方で、ネガティブな感情を引き起こす場合もあります。たとえば、

・友達が海外の高級ホテルで優雅に過ごしている。
・後輩がハイブランドの服やバッグを購入している。
・本人や家族が有名大学に受かった、大手企業に入社した。
・付き合っていた恋人が結婚を控えて幸せそうだ。

など、そんな情報がSNSにあがっているのを見ると、なんとなく気持ちが落ち込んでしまうこともあるのです。

人には、嫉妬や妬みといった感情もあります。親しい相手が充実した生活を送っていることをよかったと思う反面、

「あの人は充実した生活を送っているのに、私は毎日忙しく働いているだけ」

「同じ年代なのに、リッチで好きなものを買えている。私にはそんな余裕はないのに」

「あの人は愛されてキラキラ輝いている。私にはそんな相手がいない」

と、**相手と自分を比較して「なんで自分は不遇なのか」とイライラしたり、「どうせ私なんて」と落ち込んだり、ネガティブな感情に陥っていく**のです。

誰かを羨《うらや》んだりねたんだりする感情は、あまり人には知られたくないものです。そのため、**外に向けて言葉にすることがなく、密《ひそ》かに心の中に溜まっていきます。そして、そのまま消えずに、何かのきっかけで感情が爆発してしまうこともあります。**

このように、人と比較することで自分の立ち位置を認識することを「社会的比較」と呼ぶそうです。人と比べるという行為は生活の様々な場面で起こりますが、大抵の方は

人に自慢したくなるような事柄をＳＮＳに投稿しますから、見た人には投稿者の良い部分ばかりが見えやすいのではないでしょうか。

人のＳＮＳを見ていると、なんとなく気落ちするという方は、できるだけ人と自分を比較しないように意識してみましょう。幸せな投稿をしている人も、見えないところでは悩んだり苦しんだりしているのかもしれません。ＳＮＳの画面からそこまで推し量ることはできませんよね。

「人は人、私は私だよね」と割り切るようにしたほうが穏やかな気持ちがキープできると思います。

「メール人格」に傷つかないために

先ほど、匿名投稿についてお話ししましたが、普段の生活の中でも反応に戸惑ってしまうメールやSNSのメッセージを受け取ることもあります。

会って話している時は普通なのに、メールになると急にそっけなくなる。まるで別人格のように感じられる。こうした、メールから感じられる人格を「メール人格」と呼ぶそうです。

会った時の印象とメールの印象が乖離《かいり》する理由は大きく2つあると思います。

1つは、インターネットという特有の世界でやり取りされていることです。匿名でも情報が発信できる世界においては、自分という感覚を持ちにくく、それだけに攻撃的になりやすいということがあげられるでしょう。会っている時は取り繕っていた感情が表面化してくることもあるかもしれません。

２つ目は、相手に簡潔に物事を伝えるために、ストレートで事務的な文面になっているということも考えられます。前置きの言葉がない分、冷たく感じてしまうのです。

１つ目の理由は、本当に攻撃的な内容だと考えられますが、通常のやり取りをしている中での「メール人格」は、２つ目の理由が多いと思います。

送った相手にはそのようなつもりはなかったのに、受け取った文面を冷たいと感じて、「責められている」「嫌われている」などと、ネガティブなほうに考えてしまうのです。

誰かとコミュニケーションを取る時、**言葉によって相手に伝わるのは、全体の７％ほどで、残りの93％は相手の口調やテンポ、声の抑揚、身振りなど、言葉以外の情報から受け取っている**と言います。つまりメールは、文面というわずか７％の情報から相手の気持ちを推し測るわけですから、その時の自分の感情によってネガティブに考えすぎてしまうこともあると思います。

コミュニケーションの種類

言葉で伝わるコミュニケーション
（言語コミュニケーション）7%

口調や身振りなど、言葉以外で伝わるコミュニケーション
（非言語コミュニケーション）93%

最近、若い人の間では、ＬＩＮＥの文章の最後に句点（「。」）を使わないそうです。その理由は、冷たい印象を受けるからだと言います。文章の最後に句点をつけることを基本として生きてきた私のような世代にはよくわからない感覚ですが、若い人たちは句点をつけず、短い文章をやり取りすることに親しみを感じるようです。その時の時代性や個人の嗜好《しこう》によっても文章の受け取り方は変わるということですよね。

もし、受け取ったメールやＳＮＳが冷たく感じられても、それが事務的な連絡ならば、内容だけを情報として受け取っておきましょう。**相手がどんな気持ちでいるかは、その人にしかわからないものです。自分だけでどんどん考えを突き詰めても、しんどい思いをするだけです。**

インターネット生活はセロトニンを減少させる

第1章でも少し触れましたが、感情には脳の扁桃体が大きくかかわっています。外からの刺激に対して扁桃体が「快か不快か」「好きか嫌いか」などを判断し、それに応じて脳内に神経伝達物質が分泌され、様々な感情が起こります。

セロトニンは、その中でも精神を安定させる働きを担っている脳内物質です。安定というとリラックスさせるような印象がありますが、精神のバランスを取り、やる気や意欲を促すのもセロトニンの役割の1つです。それだけに、**セロトニンが不足するとネガティブな感情につながりやすくなる**のです。

1日中家の中でスマートフォンやパソコンを使っていると、常に脳は情報過多の状態でストレスにさらされています。しかも、スマートフォンは液晶の光が強く、その刺激を受けていると「メラトニン」という睡眠ホルモンの分泌が低下して、「眠れない」「起きられない」という睡眠障害を起こしやすくなります。つまり、質の良い睡眠が取れず、脳の疲労を十分に回復できないままストレスと戦わなければいけないのです。

ストレスが強くなると、副腎皮質からコルチゾールというストレスホルモンが分泌され、セロトニンの分泌が抑制されます。感情を整えるためにはより多くのセロトニンが必要なのですが、実際はその反対に、**セロトニン不足の人がとても多いと感じます。**

体の中で作られるセロトニンの量は、普段の生活習慣からも影響を受けます。たとえば、**「太陽の光を浴びる」「適度な運動をする」「セロトニンに必要な栄養素を含む食材を食べる」**など、日常生活における心がけでセロトニンは増やすことができます。しかし、現代人の生活スタイルは、こうした当たり前のことができていなかったりします。

家の中でじっと座ってスマートフォンやパソコンを使っていると、太陽光を浴びる機会も減りますし、運動不足にもなります。また、食事もコンビニ弁当やファストフードばかりになると、栄養も偏ってしまいがちです。

これでは、なかなかセロトニンを増やすことは難しいでしょう。

私たちの生活に、今やスマートフォンやパソコンは欠かせないものです。ただし、そればかりの生活になると、ストレスも多く、ネガティブな感情から抜け出すことが難しくなってしまいます。

あなたの毎日はどうでしょうか。

スマートフォンへの依存傾向を感じた方は、少しの時間でもスマートフォンから離れるよう、できることから始めてみてください。その上で、セロトニンの分泌が増えていくような生活習慣を心がけていきましょう。脳内のバランスを整えることで、感情の安定だけでなく、自律神経を介して体調の安定にもつながっていくのです。

第3章

感情をコントロールできる人、できない人

不安を強く感じる人の傾向

私たちは無意識のうちに、つい人と自分を比べてしまいがちです。とはいえ、比べることがすべて悪いわけではありません。比較するからこそ、

「○○さんは、私よりも仕事ができてすごいよね。私もそうなりたい」

などと、前向きなモチベーションを高めていくことができるのです。しかし、一方で、比較することで気持ちがネガティブに向かうこともあります。

「○○さんはできるのに、私はできない」

「部長は○○さんばかりを褒めて、私を褒めてくれない」

このように、周囲と自分を比較してネガティブな感情を抱いたことのある方も多いと思います。なぜそんなふうに考えてしまうのかというと、それは私たちの中に、「認め

られたい」「褒められたい」という気持ちがあるからです。

アメリカの心理学者、アブラハム・マズローは、人の基本的欲求を5段階に分類し、他者から認められたい、尊重されたい欲求を「承認欲求」という言葉で定義しました。

人から承認されたいというのは、自分に自信が持てないという感情の表れでもあります。物事の判断基準が曖昧なままでは自分自身に対する価値判断も難しく、その分、他人から評価され、認められることを強く求めるようになるのです。

この承認欲求ともかかわりがあるものとして、「愛着障害」について簡単にお伝えしたいと思います。「愛着」とは、親や養育者など特定の人との間で結ばれる心の絆《きずな》を言います。愛着は、幼少期に少しずつ形成されていき、それによって人は次の3つの基地を手に入れると考えられています。

安全基地：特定の人に守ってもらえることが実感できる認知・行動の基地
安心基地：特定の人と一緒にいることでポジティブな気持ちを生み出す、感情の基地
探索基地：特定の人から離れ、またその人のところへ戻るという行為を繰り返せる、よりどころのような基地

どの基地も、持っていたら心強いものばかりですよね。**これらを得ることで、「自分ならできる」「きっとうまくいく」といった自己効力感が育ち、感情をコントロールできるようになる**のです。

ところが、幼少期に特定の人とうまく心の絆を結ぶことができないと、愛着がしっかり形成できず、なんらかの問題を抱えてしまいます。この状態を「愛着障害」と言いますが、愛着障害は幼少期だけでなく、大人になってからも抱え続けていく場合があります。その影響で恋愛や仕事で人間関係がうまく築けなかったりするのです。

愛着障害にはいくつかの種類があります。その中で軽度な愛着障害の1つとして、よく使われるようになったのが「愛着スタイル」という言葉です。愛着スタイルは、他の人との人間関係の結び方（スタイル）のことで、幼少期から無意識に形成されていくと考えられています。

愛着スタイルには、大きく「不安型」「回避／拒絶型」「安定型」という3つの種類があります。ここでは、その中から「不安型」について、もう少しお話ししていきましょう。

愛着スタイルにおける「不安型」とは、言葉通り、主に人間関係に対して、必要以上に心配や不安を強く感じる傾向のことです。一言で言えば、「相手がいつもそばにいてくれないと不安になる」「相手が自分をどう思っているのか不安で確かめずにはいられない」など、相手に多くのことを求めてしまう傾向です。

幼少期に親や養育者など、特定の人と心の絆を結べなかったために、大人になってからも相手からの愛情を求め、また、愛してもらえるように相手の喜ぶような行動を取ります。つまり、相手に自分の価値を認めてもらいたいという承認欲求が強いのです。

「認めてほしい」という承認欲求が強くなるほど、「認めてもらえないかもしれない」という不安は大きくなります。それに伴う感情もネガティブなほうに引っ張られてしまうため、ますます落ち込んでしまうのです。

自分の中の不安を解消していくには、**他者ではなく、自分で自分を認めてあげることが大切**です。この後に記載している自己肯定感を上げていく方法を、ぜひ参考にしてください。

「6D3S」の口グセが感情を不安定にさせる

誰かと会話をしている時に、相手の話し方のクセに気づいたことはありませんか。「やっぱり○○だよね」「実は○○なんだ」「ええと、なんだっけ」など、本人は無意識に使っているので気づいていませんが、同じ言葉が頻繁に口から出てくる人は多いと思います。もしかしたら私自身も、気づいていないだけでよく使っている言葉があるかもしれません。

こうした口グセとして、次のようなネガティブな言葉をよく口にする方もいます。そうすると、考え方や行動もネガティブなほうに引っ張られていきがちです。

よく言われるネガティブな口グセが、次の「6D3S」です。

6D：「どうせ」「でも」「だって」「ダメだ」「どうしよう」「できない」
3S：「しょせん」「すべき」「しなければならない」

どの言葉も、その後に続くのは大抵ネガティブな言葉です。**会話の中でこの6D3Sを選んでいる時点で、ネガティブな会話のスパイラルに入ってしまっている**わけです。

口グセは日々の習慣の中で身についていくものです。そのことに気づけば、できるだけ使わないようにしてクセを直していくことは可能です。

「どうせ私にはできない」のような、自分自身を低く評価するような言葉をやめて、「きっとできる」「大丈夫、うまくいく」「なんとかなるよ」と、自分を励ますような言葉をかけてあげましょう。

ポジティブな言葉を口にすれば、次にくる言葉もポジティブなものが増え、思考や行動も前向きになっていきます。

一度ついてしまったクセは、すぐには直らないかもしれませんが、少しずつでも変えていこうと意識すれば、ポジティブな言葉が自然と出てくるようになっていくでしょう。

ネガティブの悪循環に陥らせる「6D3S」のログセ

自己肯定感の高い人、低い人

承認欲求の強い人は、自分で自分を認めることができないために、他者に認めてもらうことで自分の価値を知ろうとします。この**「ありのままの自分を受け入れられるかどうか」という感覚が「自己肯定感」**です。

自己肯定感は、職場であれ学校であれ、環境とは関係なく自分に対して感じるものです。たとえば、職場で営業成績を競っていたとしましょう。会社の設定した売上目標は達成したけれど、営業部全体では3位の成績だった場合、どのように感じるでしょうか。

- **トップではないけれど目標はちゃんとクリアできている。私って仕事ができる！**
- **トップになれなかった。やっぱり私は仕事ができないのだな……。**

同じ結果でも、どう受け止めるかは
「自己肯定感」が高いか低いかで違ってくる

前者のように、**周囲に関係なく自分自身がどうだったのか評価することを「絶対評価」**、後者のように**周囲と比較して自分を評価することを「相対評価」**と言います。この例で言えば、前者の考え方が「自己肯定感が高い」ということになります。

基本的に、自己肯定感の高い人は自分自身を認めているため、他者からの承認をあまり必要とはしていません。反対に自己肯定感が低い人は、自分自身をあまり受け入れられていないため、承認欲求が強くなります。また反対に、承認欲求が強すぎるために自分の価値を見失い、自己肯定感が低くなってしまうというケースも考えられます。

そのほか、自己肯定感の高い人、低い人の特徴をいくつかあげておきましょう。

自己肯定感の高い人

- 主体的で、自分の行動を自分でプログラムできる
- 前向きで、過去より未来に目を向ける
- 人は人、自分は自分
- 失敗は水に流し、次を恐れない

・辛いことも乗り越えられる

自己肯定感の低い人

・何事も人と比べてしまい、他人によって行動が左右される
・過去の経験にこだわって、なかなか前を向けない
・ライバルより自分が上ならうれしい、下なら悔しい
・一度失敗すると自信が持てず、次が怖くなる
・トラウマ、心理的な外傷を引きずってなかなか立ち直れない

どちらが正解という問題ではありませんが、やはり自己肯定感が高いほうが、日常生活を楽しく過ごせるのではないでしょうか。なんとなくネガティブなことばかり考えてしまうという方は、自分がどういう傾向にあるか見直してみることも大事だと思います。

あなたの自己肯定感レベルはどのくらい？

自分が自分の価値をどれだけ受け入れているか、客観的に考えてみようとしても、なかなか難しいものです。

そこで、1つの目安として、アメリカの社会学者モーリス・ローゼンバーグの作成した「自尊感情尺度」をご紹介しましょう。

自尊感情とは、自分のことを高く評価しようとするポジティブな感情です。自分を肯定的に認めるという点では、自己肯定感と同様の意味合いだと考えてもいいでしょう。

この自尊感情尺度では、次の10項目について、●印の項目は「強くそう思う（4点）」「そう思う（3点）」「そう思わない（2点）」「強くそう思わない（1点）」の4段階で評価します。

もう1つの★印の項目は「強くそう思う（1点）」「そう思う（2点）」「そう思わない（3点）」「強くそう思わない（4点）」という4段階で評価します。

・私は、自分にだいたい満足している（●）
・時々、自分はまったくダメだと思うことがある（★）
・私には、けっこう長所がある（●）
・私は、他の大半の人と同じくらいに物事がこなせる（●）
・私には、誇れるものが大してない（★）
・時々、自分は役に立たないと強く感じることがある（★）
・自分は少なくとも、他の人と同じくらい価値のある人間だ（●）
・自分のことをもう少し尊敬できたらいいと思う（★）
・よく、自分は落ちこぼれだと思ってしまう（★）
・私は、自分のことを前向きに考えている（●）

前述の加点方式で点数を計算し、すべての質問の合計点数が高いほど、自己肯定感が高いことを表しています。

自己肯定感の高さを判断する1つの目安として、30点以上は「高い基準」、そして、20点以下が「低い基準」です。日本人の平均点は、おおむね25点前後だと言われています。

ただし、現状の評価が低いという結果だったとしても、そのことで落ち込む必要はありません。**自己肯定感は成長の過程で育っていくものですから、今からでも高めていくことは可能**です。

まずは、自分の状況を客観的に見る目を持つことが大切です。その上で、生活習慣を改善するなどして、自分をもっと認められるようになっていきましょう。

世の中には「コントロールできないこと」がある

どれほど穏やかな人でも、1日中ずっと同じ気分でいることはありません。良いことがあればうれしくなるし、嫌なことがあれば怒ったり、悲しんだり、あるいは不安を感じたりすることもあるでしょう。

外からのストレスに対して、その時だけで感情がおさまればいいのですが、あれこれ考えごとが増えていくと、頭の中には様々な感情が入り混じってしまいます。そして、脳が稼働のしすぎで疲れていると、きちんとした判断が下せなくなってくるのです。

「また○○さんに仕事を頼まれた。私のこと嫌いなのかも」

「後輩が私のほうを見て笑ったけれど、馬鹿にしているの？」

などと、本当は相手がどう思っているのかわからないけれど、自分でネガティブな方向に思い込み、さらに疲れてしまいます。

しかし、世の中には**自分でコントロールできることと、できないことがある**のです。

たとえば、どれほど晴れてほしいと願っても、降っている雨を止《や》ませることはできないですし、朝のラッシュのせいで電車が遅延しても、あなた自身が電車を走らせるわけにはいきませんよね。イライラしたところで、なす術《すべ》はありません。

同じように、**自分以外の人の思考や行動も、あなたの思い通りにはいきません。**

もし人から何か小言や嫌味を言われたと感じても、「相手の気持ちは変えられない」「自分にはどうしようもないことだ」「考えたところで仕方がない」と割り切ってしまうと、感じるストレスも少し和らぐのではないでしょうか。

- 自分では決してコントロールできないこと
- 自分がいくら悩んだところで、結果が変わらないこと

↓ 悩む → 不安やイライラがただ募るだけ

↓ 仕方ないことだと割り切る → ストレスが和らぐ

自己肯定感の高い人は、感情が安定している

誰の中にも、ネガティブな思考とポジティブな思考はあるものです。ただ、自己肯定感の高い人は自分の思考のコントロールが上手で、自己肯定感の低い人は自分の思考のコントロールが苦手です。

なぜなら自己肯定感の低い人は、**自分に自信がないため、他者に物事の判断を委ねてしまうから**です。結果、感情が不安定になり、否定的な思考にハマってなかなか抜け出せません。

たとえば、自己肯定感の低い人は、周りから見れば十分な結果だと思えることにも自信が持てません。真面目で妥協を許さない人ほど「完璧ではないから失敗だ」と思い込

んでしまう傾向があります。このような思考を繰り返していると、知らず知らずのうちに悪影響が出始めます。何か新しいことを始めようとするたびに過去の失敗がよみがえり、「またうまくいかないのではないか」という不安を抱え込みやすくなってしまうのです。

また、完璧でなければダメだという思考の人は「とりあえずやってみよう」と言われることが苦手です。「100点が取れないのなら、やりたくない」と考える傾向が強いので、70点を目標に無計画にスタートしたくないのです。

実は、ここが自己肯定感の高い人とは明らかに違う点なのです。

自己肯定感の高い人は、自分の長所も短所も関係なく、ありのままの自分を肯定的に受け止めています。そのため、自分の短所や苦手なことについても、**「できないのはダメだ」ではなく「できない部分も自分だ」と考えます。**だからこそ、他者の判断に振り回されることなく、安定した気持ちで物事に取り組むことができるのです。

目標を持つこと自体は、モチベーションを高める意味でも悪いことではないと思います。ただ、そこで「パーフェクトでなければダメだ」「100でなければ失敗だ」と気負わずに、「まあ、初めてのことだし、60点か70点くらいできたら上出来だよね」というくらいの心持ちでいられると、もっと楽に物事に取り組むことができます。

そして、**「目標をクリアした」「自分にもできる」という小さな成功体験を積み重ねていくことで自信が持てるようになり、自己肯定感を高めていけるのです。**

ストレスを受けると、心も体も臨戦態勢になる

私たちは日々、様々なストレスにさらされて生きています。一言でストレスと言っても、その原因となる「ストレッサー」は様々です。たとえば、暑さや寒さ、匂い、騒音、化学物質などもストレッサーになりますし、職場や家庭環境にもストレッサーはあります。

これらのストレスは、脳の大脳新皮質でキャッチされます。第1章でも説明したように、大脳新皮質にある前頭前野は、感情を生み出す扁桃体の暴走を理性的になだめる役割を担っています。しかし、ストレスを受け続けると、前頭前野の働きが低下して、扁桃体をうまくコントロールできなくなってしまいます。そのために、恐怖や不安、悲し

みといったネガティブな感情が表れやすくなるのです。
また、ストレスを受けたことで、脳幹にある視床下部の働きが活発になってきます。そもそも脳幹は人の生存本能に関係する部位ですから、ストレスから身を守るために、いち早く体に様々な情報を伝達していこうとするわけです。この点についても、少しお話をしておきましょう。

視床下部から体内に情報を伝達していくルートには2つあります。1つは自律神経系、もう1つがホルモン系です。
自律神経系では、視床下部から交感神経に情報が伝わり、「ノルアドレナリン」が分泌されます。さらに、そのノルアドレナリンの刺激によって、体内の副腎髄質という部位からアドレナリンとノルアドレナリンが分泌されます。アドレナリンもノルアドレナリンも交感神経を活性化させる働きがあるため、それによって心拍数が上がったり、血圧が上がったりといった、体を守るための危機管理体制が作られていきます。

もう一方のホルモン系では、視床下部のすぐそばにある脳下垂体から副腎皮質刺激ホルモンが分泌されます。この刺激を受けた副腎皮質からは、コルチゾールというホルモンが分泌されます。コルチゾールはストレスを受けると増えることから「ストレスホルモン」とも呼ばれ、体内の代謝の促進、抗炎症、免疫抑制など、生命を守るために重要な働きをしています。また脳下垂体からは「β－エンドルフィン」と呼ばれるホルモンも分泌されます。β－エンドルフィンは痛みを和らげたり、免疫機能を活性化させたりする働きがあります。

このように、**脳はストレスを受けるとすぐに身を守れるように、態勢を整えていきます。**

ただ、それが頻繁に続くと、脳が疲れてしまうのはもちろんですが、何度も同じ流れを繰り返すことで、情報がより敏感に伝えられるようになっていきます。

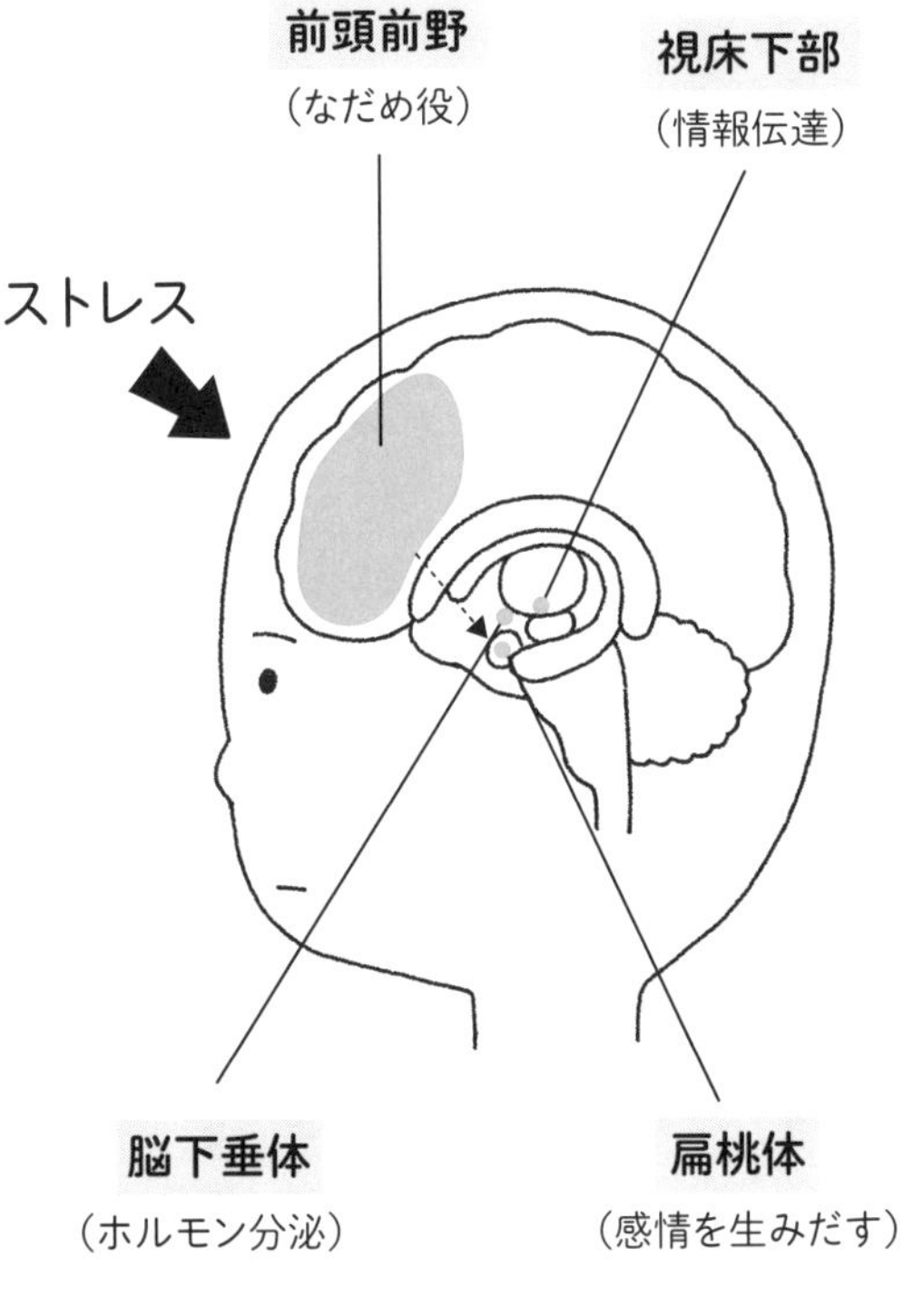

ネガティブな反応ばかりを繰り返していると
伝達ルートがスムーズになってしまい
よりネガティブな感情を伝えやすくなる

たとえば、森の中で道なき道を歩くのは大変ですが、人や獣がよく通る道は、土や草が踏みならされているため歩きやすくなりますよね。脳からの情報伝達ルートも同様で、頻繁にやり取りをしていると、よりスムーズに情報を伝えられるようになってしまうのです。

そのため、**ストレスを受けてネガティブな反応ばかりを繰り返していると、ちょっとしたストレスでもネガティブな感情を抱きやすくなります。**

外からのストレスに対して、

「どうせ私なんて……」

「なんでできないのだろう」

「こうすべきなのに。私はダメな人間だ」

などと、**自分を否定するような反応を繰り返しながら、自己肯定感を高めていくのは難しい**でしょう。

先ほどお話ししたように、**物事は完璧でなければダメだという考え方から、少しハードルを下げ、まずは成功体験を積み重ねていきましょう。**

そうすることで、ポジティブな情報伝達のルートも歩きやすく踏み固められていき、

「私にはできる」

「このくらいでいい」

「今のままの自分が好き」

と、自己肯定感を高めやすくなっていくでしょう。

セロトニンとノルアドレナリンで感情は揺れる

外部からストレスを受けると、脳内の情報ネットワークにも様々な神経伝達物質が放出されていきます。ここでは、その中でも特に感情とかかわりの深い「セロトニン」と「ノルアドレナリン」について説明したいと思います。

セロトニンやノルアドレナリンについて、情報によって神経伝達物質と書かれていたり、ホルモンと書かれていたりします。どちらも同じ物質ですが、使われている場所によって呼び方が変わってくるのです。

神経伝達物質は、文字通り神経に働きかけて情報伝達を行います。一方のホルモンは、血液を介して体内に情報を伝えていきます。どちらも情報伝達にかかわってはいるのですが、その使われ方には2通りあるわけです。

では、これらの神経伝達物質がどのような働きをしているのかを、お話ししていきましょう。

セロトニンは、よく「幸せホルモン」の1つとして紹介されます。

この物質の一番の役割は、「ノルアドレナリン」や「ドーパミン」の分泌を制御して、精神を安定した状態に保つことです。

脳内でセロトニンが正常に働いていると、穏やかな気持ちで過ごすことができますが、過剰なストレスにさらされると、精神を落ち着かせるためにセロトニンはどんどん消費されてしまいます。やがてセロトニンが不足すると、第1章でも紹介しましたが、脳内のノルアドレナリンやドーパミンのバランスが崩れ、感情が不安定になってしまうのです。

また、反対にセロトニンの分泌が過剰になっても、脳内物質のバランスが崩れ、感情が不安定になりますし、「セロトニン症候群」と呼ばれる発汗や発熱、震えなどの症状を起こす場合もあります。

もう1つの神経伝達物質、ノルアドレナリンはどうでしょうか。

ノルアドレナリンが適正に脳内に分泌されている時には、やる気がアップし、集中力も高まります。物事に対しても積極的に取り組むことができます。

しかし、セロトニンが不足してノルアドレナリンの制御ができなくなり、分泌が過剰になると、イライラしたり、キレやすくなったり、場合によってはヒステリーやパニック障害を起こすことがあります。もともとノルアドレナリンには、ストレスによって不安や恐怖を感じると、生命維持のために体を危機管理モードに切り替えていく働きがあります。過剰になることで、攻撃的な感情を抱くのも道理かもしれません。

また、反対にノルアドレナリンが不足すると、やる気がなくなり、注意力も低下、ぼーっと無気力な状態になることがあります。

セロトニン不足×ノルアドレナリン不足

↓セロトニンが不足するとストレス耐性が低くなり、不安や恐怖を抱きやすくなります。また、ノルアドレナリンが不足すると意欲が低下して無気力な状態に。セロトニンとノルアドレナリンがどちらも不足しているこの状態は、抑うつ状態、うつ病の時によく見られます。

セロトニン不足×ノルアドレナリン過剰

↓セロトニンが不足して不安や恐怖の気持ちを抱きやすくなりますが、ノルアドレナリンが過剰になると攻撃的になり、イライラしたり、キレやすくなったり、怒りや嫌悪の感情が強く表れます。

セロトニン過剰×ノルアドレナリン不足

↓セロトニンは脳内の量が過剰になっても不安が強まることがあります。ノルアドレナリンが不足していると何に対しても意欲がなく、無気力になってしまいます。

セロトニン過剰×ノルアドレナリン過剰

↓不安な気持ちになり、イライラして怒鳴り散らすなど、攻撃性や暴力性が強くなります。また、躁状態《そうじょうたい》が起こりやすくなります。（過活動、次々にアイディアが浮かぶ）

いずれにしても偏ったバランスのまま「不安」「恐れ」「怒り」などの感情を抱えて過ごすのは辛いことです。きちんとバランスが取れるように、まずはセロトニンを十分な量にすることが大切です。セロトニンは、体内で作られる量はそれほど多くはありませんが、

・日光浴をする
・適度な運動を行う（リズミカルなウォーキング、ゆっくりした動きのダンスなど）
・セロトニンの原料となるトリプトファン（アミノ酸の一種）を多く含む食事をとる

といった方法で、比較的簡単に体外から得ることができます。トリプトファンを多く含む食事については、第1章でもご紹介しています。毎日を穏やかに、心が安定した状態で過ごせるように、できるところから始めてみましょう。

「睡眠ホルモン」もセロトニンから作られている

睡眠は、体を休ませたり、脳内の情報を整理したりと、私たちが生きていく上でとても重要なものです。質の高い睡眠を得るために欠かせないのが、「メラトニン」というホルモンです。

メラトニンは脳内の松果体という部位から分泌され、睡眠と覚醒のリズムを整え、自然な眠気をもたらすために働きます。そのため、「睡眠ホルモン」とも呼ばれています。そのほかにも抗酸化作用があることから、老化を緩やかにし、免疫力を高める働きも期待できます。

実は、このメラトニンの原料となっているのが、セロトニンなのです。

セロトニンは、朝方から体内で作られ始め、陽が沈む頃からメラトニンに変化していきます。つまり、体内で作られるセロトニンが多いほど、夜に分泌されるメラトニンの量も増えるわけです。

睡眠不足になると、人はネガティブな感情を抱きやすくなります。**セロトニンは寝ている間にも、メラトニンとなって貢献してくれている**わけです。セロトニンがいかに大事か、おわかりいただけたかと思います。

報酬系ホルモン「ドーパミン」の過剰分泌は危険

セロトニン、ノルアドレナリンと並んで、感情にかかわりが深い神経伝達物質に「ドーパミン」があります。先述したように、セロトニンは、ノルアドレナリンとドーパミンの分泌を制御し、脳内物質のバランスを保つ役割を担っていますが、ドーパミンを分けてご紹介しているのは、この脳内物質の特徴をきちんとお伝えしたかったからです。

ドーパミンは分泌されると幸福感が得られることから、セロトニンと同様に「幸せホルモン」として紹介されることがあるのですが、セロトニンが「穏やかな幸福感」であることに比べ、**ドーパミンで得られるのは高揚感のある幸せ、より興奮度の高い幸せ**

——**いわば「快楽」**です。たとえば、大好きなアーティストのコンサートで感激する、スポーツの試合で盛り上がる、そんな時に脳内ではドーパミンが分泌されています。

ドーパミンは「報酬系」と呼ばれる神経ネットワークに放出される神経伝達物質で、目標を達成したり、人から褒められたりした時の「ごほうび」として分泌されるという説明をよく見るのですが、厳密には目標を下回った時にも分泌される場合があります。つまり、**ドーパミンは予想外のことが起こった時に分泌される**のです。

たとえば、テストを受けて自己採点で8割はできたと思っていたとしましょう。予想通りに80点だった時にはドーパミンはあまり分泌されず、予想外に100点だった時に分泌されます。自分の目標を大きく上回ることができたのですから、それは気持ちがいいですよね。一方で、予想を下回って60点だった時にも「予想外の出来事」に対してドーパミンが分泌されます。こちらは、目標達成に向けて「次はもっと頑張ろう」と意欲を高めるために分泌されるのです。このように目標を達成してもしなくても「快楽」が得られ、それがやる気や意欲のアップにもつながるのですが、一方で、過剰になると様々な依存の原因になります。

自己採点80点
100点
予想外に上
ドーパミン
放出
やった!
80点
予想通り
ドーパミンの
放出なし
やっぱり
60点
予想外に下
ドーパミン
放出
次こそは!

よく言われるのが、ギャンブル、ゲーム、薬物、アルコールなどへの依存です。たとえば、ゲームもギャンブルも勝てばうれしいし、負けると悔しいものです。そして、たとえ負けても「次こそは！」と考えることでやめられなくなりますよね。**何かの刺激で快楽を覚えると、また次の刺激が欲しくなってくる**のです。

しかも、依存が怖いのは、それを繰り返すことで耐性が生まれてしまうことです。つまり、同じことの繰り返し、同じ量の摂取では、快楽が得られにくくなってきます。そのために、どんどんのめり込んでしまうのです。

ドーパミンは、適量であれば物事にポジティブに取り組めるように作用するというメリットがありますから、とても重要な脳内物質です。しかし、過剰な分泌には特に気をつけたい脳内物質でもあるのです。

推し活のいきすぎでもドーパミン過剰になる

依存するという行為には、大きく3つの種類があります。

1つは薬物やアルコールのような「物質依存」、2つ目は買い物やギャンブルのような「行為依存」、そして3つ目が特定の人に対する「対人依存」です。

最近、「推し活」という言葉をよく耳にします。好きなアーティストやキャラクターを応援するのは楽しいものですよね。日常生活に支障のない範囲であれば、生活に張りが出ますし、仕事や勉強を頑張るモチベーションにもなりますから、おおいに楽しんでいただいていいと思います。

しかし、これもいきすぎてしまうと、依存になってしまいます。

ホストクラブにハマる女性が増えていることが社会問題になっていますが、その構図は、キャラクターを育てる育成ゲームにも通じるものがあると感じています。

「私がいないと、この人はダメなんだ」

「私の力で、この人をトップにする」

といった目標に向かって行動する際には、脳内にドーパミンが分泌されていると考えられます。1つの目標を達成したら、次、またその次と、どんどんエスカレートしていき、最終的には自分の生活そのものが破綻してしまうとも限りません。

何かにちょっと入れ込みすぎだという時は、少し距離を置いてみてください。どうしてもやめられないという場合は、精神科や心療内科、あるいは依存専門の相談窓口などに相談してみることをおすすめします。

第4章

自分の「思考のクセ」を知ろう

性格によって事実の受け止め方がこんなに違う

- 家族や友達から言われた何気ない一言で不安になる。
- 職場で上司や同僚との人間関係に疲れている。
- 何をやっても悪い方向に物事が動いている気がする……。

こんなふうに、もしあなたがネガティブに物事をとらえてしまうのなら、そこには「思考のクセ」が働いているのかもしれません。本章では、あなたの感情と関係の深い、思考や性格についてお話ししていきます。

まず、あなたに質問です。

もしも友達に送ったLINEのメッセージが既読スルーされたとしましょう。そんな時、あなたはどう感じるでしょうか。

「きっと忙しいんだな。後で返事が来るだろう」

「せっかくLINEしたのに、返事をくれないなんて。気分が悪いな」

「返事をくれないのは、私が嫌われているから？　何か悪いことしたかな」

など、**同じ状況でも、ポジティブな反応だったりネガティブな反応だったり、感じ方は人それぞれ**だと思います。

こうした感情は、すぐにスッと頭に浮かんでくるものです。第1章では「扁桃体の暴走を前頭前野が抑える」というお話をしましたが、前頭前野の理性が働く前に、すでにこうした感情は生まれているわけです。

精神療法の1つである「認知行動療法」の分野では、このように即座に考えてしまうことを**「自動思考」**と呼んでいます。何か根拠があってそう考えたわけではなく、外部からの情報を受け取った時に、おのずと考えているのです。

自動思考は、その人の感情や行動に影響します。根拠のない考えにもかかわらず、そうだと思い込んでしまうのです。しかも、偶然それが現実になってしまうと「やっぱりそうだった」と自分の自動思考に確信を持ち、ますますその傾向を強めていくようになりになります。

ただ、同じ状況であれば、誰もが同じような自動思考になってもいいはずなのに、どうしてこれほど受け止め方に違いが出てくるのでしょうか。

それは、**人によって思考にクセがあるから**です。このようなとらえ方を認知行動療法では「認知の歪《ゆが》み」と言うのですが、知らず知らずのうちに歪んだレンズを通して物事を見ている、とイメージするとわかりやすいかもしれません。

度の合わないメガネでものを見ると、歪んで見えたりしますよね。認知の歪みも同様に、**思考のクセがあることで物事のとらえ方が歪んでしまい、ネガティブにとらえる傾向が強くなる**のです。

思考のクセには10のタイプがある

計算機に数字を入力し、足し算、引き算をすれば、出てくる答えは同じです。しかし、人の思考はとても複雑で、同じ情報を入れても、思考のクセによって引き出される感情は様々です。

思考のクセには種類があって、よく10種類に分けて紹介されています。
それぞれの特徴を簡単にご紹介していきましょう。

思考のクセの種類

全か無か思考型（白黒思考）

0か100かで考え、物事は「100%でなければならない」と極端にとらえてしまう。そのため、ささいな失敗でも大きな過ちをおかしたと感じてしまう。自分に対してだけではなく、他人に対しても完璧を求め、失敗を許せない。

過度の一般化型

何か1つでもうまくいかないことがあると、「いつもうまくいかない」「この先もうまくいかない」と、広範囲のこととしてとらえてしまう。たとえば、仕事でささいなミスを一度しただけで、「自分は仕事ができない人間だ」と考えてしまう。

心のフィルター型

物事の良い面に目が向かず、悪いことにばかり目がいってしまう。全体で考えれば良いことだったとしても、「ここが良くない」と悪いところに注目して、結果、ネガティブなこととしてとらえてしまう。

マイナス化思考型

どんなこともマイナスにとらえて、ネガティブに評価しようとする。周囲から褒められても「お世辞だろう」とプラスに受け取れなかったり、テストで10問中9問正解だったとしても喜べず「どうしてあと1問ができないのか」と考えたりしてしまう。

結論の飛躍型

きちんとした理由や根拠がないのに、自分を追い込むような結論に飛びついてしまう。たとえば、相手が不機嫌そうにしていると、ほかの可能性を考えもせずに「私のことが嫌いだから機嫌が悪いんだ」と決めつけてしまう。

誇大視と過小評価型

ささいな欠点や失敗を大げさに考えてしまい、反対に、長所や良い出来事に対しては評価をしない。失敗すると「こんなこともできないなんてダメな人間だ」と必要以上に自分を責めるが、成功しても「大したことはない」と過小評価する。

感情的決めつけ型

自分の感情を基準にして物事を決めつける。「あの人は私に嫌な思いをさせた。だから悪い人だ」「この動画が面白いというから見たけれど、つまらなかった。あの人は嘘つきだ」といった具合に、自分の感じていることが事実だと思い込む。

すべき思考型

「〇〇すべきだ」というルールを決め、自分も相手も、そのルールに縛りつけようとする。自分がルールを守れなかった時には落ち込んだり、また、ルールを守ってくれない相手にイライラしたりする。

レッテル貼り型

「自分はこういうタイプの人間だから」「あの人はこういう人だから」と、勝手にレッテルを貼り、偏った判断しかできなくなってしまう。たとえば一度遅刻した相手に対し、「あの人は時間にルーズな人だから」と決めつける。

自己関連づけ型（個人化）

自分が原因で起きたわけではない出来事でも、自分と結びつけて「私のせいでこうなった」と考えて落ち込んでしまう。本来は背負わなくていい責任を勝手に負うことで、自分で自分の評価を下げて追い込んでしまう。

いかがでしょうか。「あ、自分のことかもしれない」と、思い当たるクセはありましたか？

誰にでも、思考のクセはあるものです。「気持ちが上向かない」「なんとなく不安を感じてしまう」といった方は、無意識のうちに、ネガティブに考えるクセがついているのかもしれません。

思考のクセが生まれるもとを探る

「私はこうに違いない」「こうでなければならない」といった思考のクセは、では、どのようにして身についてしまうのでしょうか。

実は、思考のクセの背景には、それを作り出している信念のようなものがあります。これを認知行動療法では「スキーマ」と呼びます。スキーマは、幼少期の家庭環境や学校生活の中で辛い出来事や失敗を経験することによって、作られていきます。

たとえば、小さい時に「あなたは何をやってもダメだね」「お兄ちゃんは頭がいいのに、どうしてあなたはできないの？」「あなたのことなんて、もう知らない」などと言われるような経験を積み重ねていくと、「私はダメな人間だ」「私は誰にも愛されていいない」といった信念を持つようになり、歪んだ価値観や判断基準で物事を見るようになります。

このようなスキーマは、周囲から自分が傷つけられないように、いわば自己防衛のために生まれてくるのですが、一方で物事をネガティブにとらえてしまうことから、生きにくさを感じたり、対人関係がうまくいかなかったりすることにもつながります。その結果、さらに気持ちがネガティブになっていくという悪循環を招く危険性もあるのです。

思考だけに限らず、長年の間に身についてしまったクセは、直そうと思ってもなかなか直らないものです。しかし、**まずは「自分の思考にクセがある」ということに気づくことが大事**ですし、それがどのようなものかがわかれば、対処の仕方も考えられます。

次節では、思考のクセを変えていく方法について説明していきます。

普段の生活の中で実践できる方法ですから、「最近、ちょっとクセに振り回されているかも……」と感じた方は、ぜひ試してみてください。

自動思考にクセがつく仕組み

思考の悪い流れを変える7つのステップ

ネガティブな感情にとらわれがちな時も、ほんの少し見方を変えるだけで、気持ちを切り換えることはできます。「認知行動療法」は、ネガティブな感情につながる思考のクセを専門家のサポートのもとで修正し、思考のバランスを取っていくというものです。ここでは気持ちを整理する方法として、「コラム法」と呼ばれる方法をご紹介します。

コラム法は、紙に7つの記入欄を作り、そこに記入をして進めていくものです。内容は前半と後半で大きく2つに分かれます。ステップ前半の①〜③では今の自分の自動思考について把握し、ステップ後半の④〜⑦では物事のとらえ方を変えてみることで、気持ちを改善していきます。

ステップ前半～自分の自動思考を把握する

まずはどんな出来事があって、自分はその時、どのように感じたかを把握します。

①具体的な出来事を書きます。

「いつ」「どこで」「誰と」「どのようなことを」などできるだけ詳しく書きましょう。

②その時の気分を書きます。

たとえば、悲しみ、怒り、不安、恐れ、イライラ、恥、パニックなど、その時に感じた気分を書き出します。気分は1つに限定する必要はありません。

また、悲しみ70％、怒り30％、不安50％のように、その気分がどれくらいの強さなのかも考えてみましょう。

③自動思考を見つけます。

その時にどんな考えが浮かんだか、どんな不安が湧いてきたかを、具体的に書いてみましょう。

たとえば、「会社主催のパーティに行くはずが、突然仕事を振られて残業で行けなくなった」という出来事を例にして考えてみましょう。

①に書く出来事は、「同僚はみんなパーティに行ったけれど、私は残業で会社に残った」ということです。

②の気分は、　悲しみ60％　怒り50％　不安50％　としてみましょう。

③の自動思考の項目には、
・こんな日に仕事を振られるなんて、私は上司や同僚に嫌われている。
・楽しいことがあっても、いつも私だけが損をする。
・パーティに間に合わなかったのは、私の仕事が遅いからだ。
といった内容が考えられます。

ステップ後半～物事のとらえ方を変え、気分を改善する

次に、①～③で把握した現状を客観的にとらえ、異なる視点から見ることで気分を前向きに変えていきます。

●④なぜ③のように考えるのか、その根拠を書きます。

ポイントは、「きっと～だと思ったから」「たぶん～だから」のように、想像したことを理由にしないことです。あくまで客観的な事実を書くようにしましょう。

先ほどの例で言えば

「自分はパーティに行けず、仕事をしなければいけないから」

「急に頼まれた仕事のため、資料の整理から始めなければいけなかったから」

といった内容になります。

●⑤根拠に対する反証を書きます。

④で書き出したことに、「ちょっと待って、本当にそうなの？」と、問いかけてみま

しょう。④で書き出した考えに、「でも」や「しかし」で文章をつないでみるとわかりやすいと思います。

先ほどの例の根拠に対しては、

「(でも、)社内には、ほかにも行けない人がいた」

「(しかし、)急な依頼だったのには理由があるし、これは私の担当だ」

また、③のような考えが浮かんでしまうのは、思考のクセが影響しているからです。

例であげた③の自動思考に「思考のクセ」を当てはめてみると、

・こんな日に仕事を振られるなんて、私は上司や同僚に嫌われている。

↓悲しいストーリーを自分で完結させる〈結論の飛躍〉

・楽しいことがあっても、いつも私だけが損をする。

↓物事を悲観的にとらえる〈心のフィルター〉

・パーティに間に合わなかったのは、私の仕事が遅いからだ。

↓自分や相手のことを決めつけてしまう〈レッテル貼り〉

というように、色々な思考のクセがあることがわかります。そのことも理解しておくと、次のステップで新たな視点を考える際に参考にできます。

⑥視点を変えて、現実的にバランスの取れた思考を書きます。

思考のクセによって生まれてくる自動思考に、新たな視点を与えてみましょう。次のような問いかけをしてみてください。

・家族や友達がそういう考えだったら、どういうアドバイスをする？
・○○さん（または他の人）がいたら、どういうアドバイスをくれるだろう？
・○○さん（または他の人）なら、どういうふうに考えるだろうか？
・もっと元気な時なら、他のとらえ方をしないか？
・以前にもこういう経験がなかったか？　その時はどうしたか？
・自分ではどうにもできないことで、自分を責めていないか？

その結果によって出てきた考え方を書いてみましょう。

先述の例の視点を変えるなら、

「無理に誘われて参加しても、後で苦労することになるから、私のために無理強いしないでくれた」

「私なら処理ができると、能力を評価してくれているから任された」

などが考えられます。

⑦気分の変化を書きます。

最後に、②で書いた気分がどのように変化したかを書きます。

視点を変えることで、それまで感じていなかった感情の動きが出てくるかもしれません。

たとえば、「上司や同僚から頼られている」という新たな視点が芽生え、やる気や意欲が湧いてくるのではないでしょうか。悲しみや、怒り、不安がゼロにはならなかったとしても、前向きな考えが生まれたことで、思考のバランスは変わってきていると思います。

「コラム法」7つのステップ

①出来事	
②気分	
③自動思考	
④根拠	
⑤反証	
⑥バランス思考	
⑦心の変化	

これを続けると、自分の思考パターンがだんだんわかるようになり、思考のバランスを整えることができるようになります。良い思考パターンで行動することで、物事を良い方向に結びつけていきやすいと実感できるでしょう。

本書では「コラム法」のやり方を紹介しましたが、もっと認知行動療法について知りたい方は、書籍も多く出ており、またインターネットのサイトにもたくさんの情報があります。ぜひそちらも参考にしてみてください。

自分の本当の性格を知り、うまく付き合う

思考のクセと似ている考え方に、「ユング心理学」と呼ばれるものがあります。カール・グスタフ・ユングという名前を知っている方も多いでしょう。スイスの心理学者であり、精神医学者でもあるユングは、独自の分析心理学（ユング心理学）を確立しました。ユングは、人の心の迷いや悩みは、その人が内面的に持っているものに気づかずに思考、行動することで生じると考えました。それが原因でコンプレックスを抱いたり、人に対して攻撃的になったりするというわけです。また、人の性格は「その人が意識しないうちに起きる心の動きが作っている＝考え方のクセ」だとして、8つのタイプに分類しています。

たとえば、内気なタイプの人が社交的であるように振る舞ったり、外向的な人が一人

でコツコツと作業したりすれば疲れてしまいそうです。しかも、本人が自分の本当の性格を自覚していないとなれば、なおさらでしょう。なんとなく疲れてしまう、なんとなく辛いという感覚に悩むことにもなりかねません。**自分本来の性格を知ることは、今抱えているイライラやモヤモヤの原因を探るヒントになる**でしょう。

8つの性格タイプ

ユングの性格分類は「一般的態度」の2タイプ（外向・内向）と、「心理的機能」の4タイプ（思考・感情・感覚・直観）の組み合わせでできています。

一般的態度というのは、その人の興味や関心が向かっている方向を示しています。「内向」は、思考や感覚など、内なる世界に興味関心を向けるタイプです。周囲で起きていることに興味を示さず、自分の感じる価値を重視します。「外向」はその反対で、自分以外の人やコミュニティ、社会に対してオープンです。外から受ける刺激も、素直に受け止めることができます。

心理的機能の4タイプについては、「思考」は客観的な論理に基づき意思決定するタイプ、「感情」は自分の価値観や、人々への影響に基づいて意思決定を行うタイプ、「感覚」は経験と五感に基づき、情報を受け止めるタイプ、「直観」はひらめきで物事の本質をつかむタイプとなります。

次の8タイプが、それぞれの組み合わせです。

●外向思考タイプ

論理的かつ客観的に物事を分析し、冷静に対処する知的リーダータイプ。社会的な地位や肩書きなどに価値を感じ、エリート志向に見える。このタイプの人は、完璧を求めるところがあり、「〜すべき」といった思考になりやすい。

●外向感情タイプ

外に向けてオープンで、共感能力が高いタイプ。人に合わせて柔軟に対応するのがうまく、場の雰囲気を読んだ立ち居振る舞いができる。一方で、物事を感情で判断してしまうところがあり、感情がネガティブな方向に暴走してしまうこともある。

外向感覚タイプ

自分の五感を使って外の情報をキャッチする。自分の感覚へのこだわりが強く、相手を圧倒してしまうことがある。また、こだわりが強いだけに不満や生きにくさを感じることも。任された実務に対し、雑念にとらわれず素直に取り組む力に長《た》けている。

外向直観タイプ

物事の一部を見ただけで、その本質を即座に理解するようなひらめきを持っているタイプ。ただ、それをきちんと形にしたり、実現のための計画を立てたりするのは、苦手。説明がうまくできずに、せっかくのひらめきを理解してもらえないことがある。

内向思考タイプ

お金や地位には関心が薄く、思索にふけっていくタイプ。「人はなぜ生きるのか」といったテーマを突き詰めていくことを好む。意識が内面に向かうため、コミュニケーションが苦手。感情もあまり表に出さないので、周囲からは理解を得にくいところがある。

●内向感情タイプ

おとなしく協調性があるように見られるが、内面には色々な感情が混じりあっているタイプ。内側の感情をあまり出さず、必要以上に立ち入らないでほしいと考えている。周囲の刺激にあまり反応しないので、人から頼まれごとを押しつけられたりする。

●内向感覚タイプ

外からの刺激によって自分の内面に湧き起こる感覚を楽しむ、いわゆるオタクタイプ。好きなことが自己完結しているため、外とのコミュニケーションの必要性をあまり感じない。好きなものを共有できる仲間と交流はあっても、ごく限定された部分だけでつながっている。

●内向直観タイプ

自分の中からインスピレーションが湧き、「生きるとはこういうことだ」というような、ハッとするひらめきがある。表現方法が独特で、ひらめきをうまく人に伝えられず、「わけのわからない人」と思われてしまうことも。

8つの性格タイプ

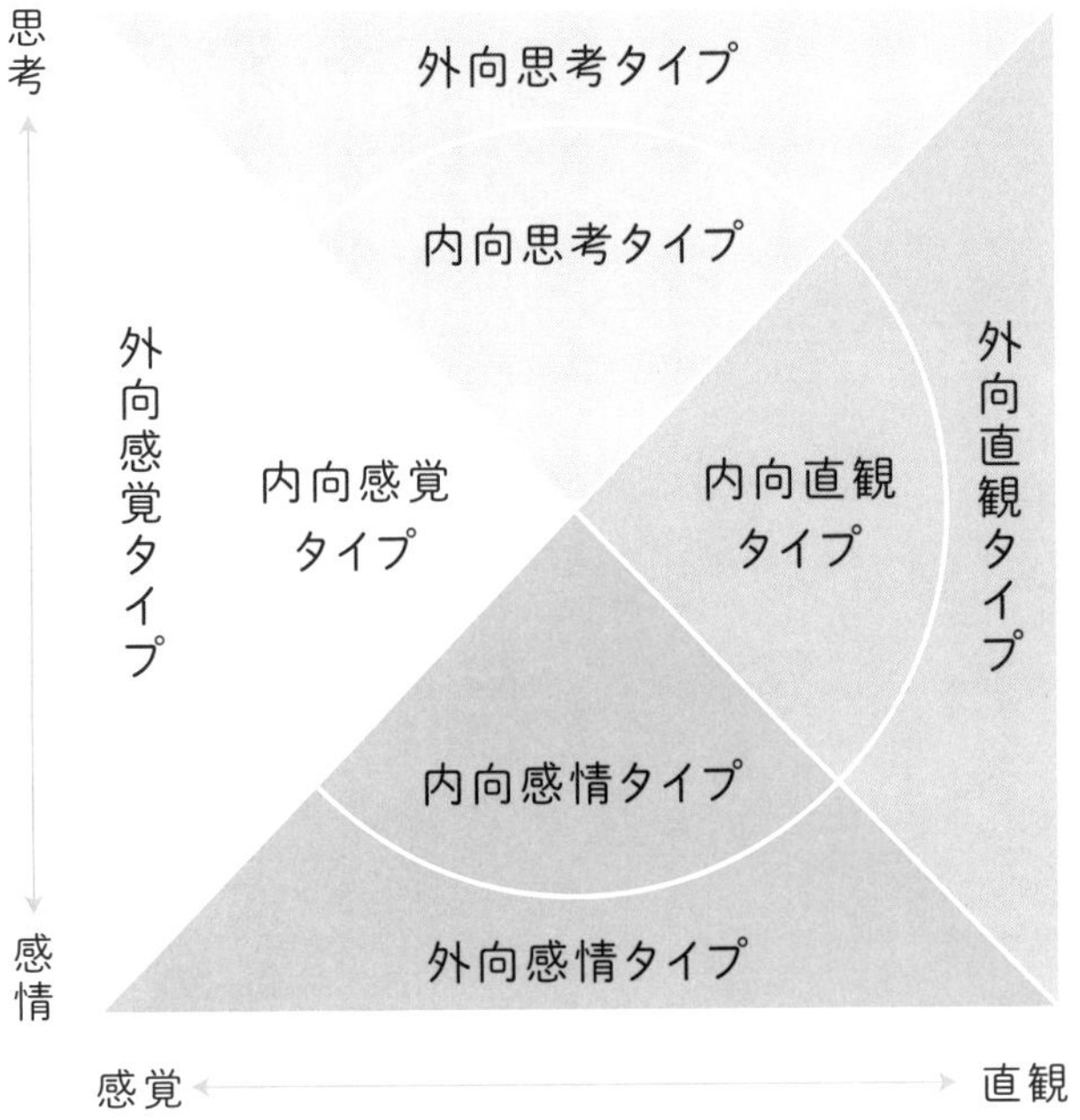
思考
感情
感覚
直観
外向思考タイプ
内向思考タイプ
外向感覚タイプ
内向感覚タイプ
内向直観タイプ
外向直観タイプ
内向感情タイプ
外向感情タイプ

どのタイプにも長所・短所はありますし、人の性格は複雑で、すべての人がこのいずれかのタイプに当てはまるとは限らないでしょう。ですが、**自分の性格の傾向を知り、それを良い方向に活《い》かしていくことで、今よりももっと心地よく毎日が送れるようになる**と思います。

ちなみに現在、「ＭＢＴＩ診断」と呼ばれる国際規格の性格診断がありますが、これもユングの性格分類をベースに作られています。興味のある方は、本やインターネットに掲載されている診断にも挑戦してみてください。

もしかしたら「繊細さん」かも？

ネガティブ感情について話していると、「繊細さん」という言葉が話題に出ることがあります。

前に人から、「先生、『繊細さん』はうつ病ですか？」と質問されたことがありました。「繊細さん」は、1996年にアメリカの心理学者、エレイン・アーロン博士が提唱した心理的概念「HSP（Highly Sensitive Person）」を日本語でわかりやすく表現した言葉です。一時期、本や雑誌、インターネットのコンテンツなどで随分紹介されていましたから、ご存じの方も多いでしょう。

HSPは、生まれつき感受性がとても強く、刺激に対して敏感に反応する人のことを言います。つまり、一言で言えば「繊細な人」のことです。人口の5人に1人はこの傾向にあると言われていますから、意外と身近なところにもHSPの方はいるかもしれません。

では、「繊細な人」とは、具体的にどのような人なのでしょうか。非常に大雑把《おおざっぱ》に表現すると、次のような4つの特性すべてに当てはまる人となります。

HSPの人の特性

・物事を深く考える

物事を深く掘り下げ、あれこれと考える。そのため、結論を出したり行動に移したりするまでに時間がかかる。

・過剰に刺激を受けやすい

刺激に対して敏感なため、ささいなことが気になり、人の言葉に傷つきやすい。友人関係であっても気疲れしてしまう。

・共感力が高い

他人の辛さを自分のことのように感じ、傷ついてしまう。映画などの登場人物にも感情移入しやすい。雰囲気に流されやすい。

・ささいなことを察する

一般の人は気にならないような光や音、匂いなどに敏感に反応し、気になってしまう。

ＨＳＰの人は、心も感覚も敏感です。それだけに周囲が気にならないことが気になったり、人の気持ちを深読みして傷ついたり、何かと気苦労が多くなります。それが原因で気持ちがふさぎ、体調不良になることもあるため、冒頭の質問のようにＨＳＰをうつ病の1つだととらえている人もいるようです。

しかし、精神科医の領分では、ＨＳＰを病名として診断することはありません。

なぜなら、ＨＳＰはその人の生まれ持った気質、個性であって、精神科における病気ではないのです。物事に対して人よりも敏感であるために、辛さや生きにくさを感じてしまうのですよね。

このように話すと、ＨＳＰのデメリットにだけ目が向いてしまうのですが、視点を変

HSPの人の特性

物事を深く考える

（あれこれ考えすぎてしまう。
行動に慎重）

過剰に刺激を受けやすい

（人混みや騒音が苦手。
人間関係に気疲れする）

共感力が高い

（相手の気持ちに流される。
感情移入しやすい）

ささいなことを察する

（光や匂いに敏感。
相手の小さな変化にも気がつく）

えてみると、人よりも物事に慎重だったり、気配りができたり、感受性が豊かであったりと、特性をメリットとしてとらえることもできます。本人が辛さを感じている部分をできるだけ和らげながら、持ち前の気質、個性とうまく付き合っていくことが大切なのです。

もちろん、辛さや生きにくさをずっと我慢して、日常生活に支障をきたしているような場合は、うつ病やパーソナリティ障害など、他の病気を発症しているということも考えられます。体調が悪い、あるいは人間関係が困難だと感じる時は、あまり我慢をせずに心療内科やメンタルヘルスクリニックなどで相談してみるといいと思います。誰かの助言やサポートを得ることで、自分では気づけない、辛さを和らげる方法が見つかるかもしれません。

「うつ状態」は「うつ病」とは異なる

なんとなく落ち込んでいる、憂鬱な気持ちになる、物事への興味や意欲を失くす。そういった状態を表す時に、よく「うつ状態（抑うつ状態）」という言葉が使われます。「うつ病」にも同じ「うつ」がついているため混同しがちなのですが、その意味には少し違いがあります。

「うつ病」は、医師が診断する病気です。一方の「うつ状態」は、落ち込んでいる状態を表す言葉ですから、うつ状態だからといって、うつ病とは限りません。たとえば、

・プレゼンの途中で大きな失敗をしてしまった。
・大好きな恋人に、突然別れを告げられた。

・親しい友達と大げんかをして「大嫌い」と言われた。
・長年一緒にいたペットが天寿を全うした。

など、このようなことがあれば誰でも気持ちが落ち込むでしょう。ただし、こうした状態からは、大抵数日から1週間ほどで立ち直っていくものです。しかも、失敗や悲しみを乗り越えることで、より強い気持ちを持つことができるようになっていきます。

ところが、その人の状況によっては気持ちがいっこうに上向かず、この状態が長く続くことがあります。そのような状態が「うつ状態」です。それが原因で生活に支障が出ているような場合には、なんらかの疾患として診断される可能性があります。

うつ状態が表れる精神疾患には、うつ病／双極性障害（躁うつ病）／統合失調症／適応障害／パーソナリティ障害／認知症、などがあります。

また、うつ状態の中でも特に不安が強いという場合は、パニック障害／強迫性障害／心的外傷後ストレス障害（PTSD）、と診断されると考えられます。

うつ状態は誰でもなる可能性があります。一過性のものであれば、誰でも経験しうることだと思いますが、それが長く続いている、普段通りの生活が送れていないと感じる場合は、そのままにしておかないことが大切です。病院やクリニックに相談し、自分の心や体の状態をきちんと知ることをおすすめします。

ちなみに、近年は「パーソナリティ障害」で悩む人も増えていると聞きます。パーソナリティ障害は、ものの考え方や反応、行動などが一般的な人と異なることで、本人が苦痛を感じている、周囲が困っている、という状態の時に診断される病気です。

同じ物事に対しても、積極的に行動する人もいれば、消極的になる人もいます。慎重に進める人もいれば、せっかちな人もいます。いずれのタイプもそれが周囲から受け入れられる範囲であれば、その人の個性としてとらえればいいのですが、あまりに偏った考え方や行動をしていると、人間関係がうまくいかず、本人も日々の生活に苦痛を感じてしまうのです。

このような偏りが生じる原因には「素質」と「環境」という2つの要因があると考えられていますが、心の問題は目に見えないですし、線引きはとても難しいと思います。今の状況で日常生活に何か支障をきたしていると感じる場合は、病院やクリニックで相談をしてみるといいでしょう。

第5章

いつも笑顔でいるための6つの習慣

心の棚卸しを定期的にしよう

年度末や決算前になると、棚卸しを行う会社も多いですよね。商品や原材料の在庫を確認したり、品質を確認したり、今の状況をしっかり把握することで、新たな課題が見えてきたりします。

この考え方は、実は心の安定に応用できます。**穏やかに、笑顔で日々を過ごすためにも、定期的に心の棚卸しをしましょう。**

脳が疲れていると、物事がうまく進まない時に、どうしてもネガティブな方向に考えがちです。

「なぜ私だけが……」

「結局、いつもこうなるのだ」

「これ以上悪くなったらどうしよう」

など、そう考えてはいけないと思っても、脳の思考ルートにクセがついてしまっているると、すぐに考え方を変えるのは難しいかもしれません。しかし、思考ルートのクセは日々の習慣の中で作られていくものです。**本人が見直しを意識することで、少しずつ変えていくことはできる**のです。

もちろん心の棚卸しといっても、心の中にあるものは、形として点検することはできません。そこでおすすめしたいのが、1日を振り返って日記をつけることです。

日記を書く時には、

- **どんな出来事があったのか？**
- **その時にどう思ったのか？**

という2点を書くことがポイントです。

日記には1日の出来事をすべて書き出す必要はありません。その日の中で特に気持ちが動いた出来事を書き出していきましょう。自分だけの振り返りですから、文章が多少おかしくても、漢字を間違えていても構いません。ただその時に感じたことを、素直に書き出してください。

また、その時に抱いた思いは、できるだけ具体的な言葉にして書いておきましょう。次のような表現が参考になると思います。

ネガティブな言葉

不安になった／怖かった／悲しくなった／嫌な気持ちになった／怒りを感じた

びっくりした／焦った／恥ずかしかった／悔しかった／虚《むな》しかった／不満を感じた

ポジティブな言葉

安心した／安らぎを感じた／リラックスできた／穏やかな気持ちになった

親しみを感じた／楽しみになった／満たされた感じがした／感動した

もちろん、これ以外にも思いを表現する言葉はたくさんあります。自分の感覚がしっくりくる言葉を選んでください。

思いを言葉にすることで、

「私はこの時、うれしかったのだ」

「後輩の前で叱られて恥ずかしかったし、納得できずに怒りを感じていたのだ」

と、**自分で自分の思いを理解しやすくなる**と思います。また、周囲を気遣って自分の感情を抑えてしまう人にとっては、こうして日記をつけることが、**自分の中に溜まっていたものを吐き出すことにもつながります。**

このほかにも、日記をつけるメリットについては、様々な研究報告が行われています。ある研究では、1日を振り返る日記を毎日、1ヶ月間続けたところ、心理的ストレス反応について、疲労、怒り、循環器の不調、抑うつなどの項目について、改善が期待できることがわかりました。また同時に、自分らしくあるという「本来的自己感」についても、増加が見られたと言います。「日記を書く」と自分で決めること自体、主体性のある行為ですから、自分という存在を意識する良い機会になるわけです。

ちなみに、私が思う日記を書くことの最大のメリットは、**「考え方や行動の予測ができる」**ということです。自分の行動や感情を視覚化し、客観的に振り返ることで、思考のクセに気づくことができます。

「私は、こういう時に落ち込む傾向があるな」

「こういう言い方をされると、カッとなることが多いな」

など、その時は感情に振り回されていて気づけなかったことが見えてきます。それがわかると、次に同じようなシチュエーションになった時の自分の考え方や行動が、予測できるわけです。

第3章でお話ししたように、報酬系の神経伝達物質であるドーパミンは、予想外のことが起きた時に分泌量が増えます。興奮状態が続くと脳はどんどん疲れてしまい、脳内物質のバランスも崩れやすくなります。

しかし、最初から起こることがわかっていれば、ドーパミンの過剰分泌を防ぐことができますし、「次に同じことが起きた時は、こんなふうにとらえよう」と、意識して別の選択肢を選ぶこともできるようになります。

毎日のちょっとした振り返りで、オーバーヒートする脳を鎮め、心の安定を取り戻す習慣を作っていきましょう。

言葉からネガティブになるクセを取り除く

もし、友達から大好きなお菓子をプレゼントされて、半分食べたとします。その状況を、あなたならどう表現するでしょうか。

「半分も残っている。まだまだ楽しめるな！」とワクワクする。

「もう半分しか残っていない。すぐなくなってしまうな……」とガッカリする。

同じ状況でも、ポジティブにとらえる人もいれば、ネガティブにとらえる人もいます。人によって感じ方は様々ですよね。

こうした考え方の傾向は、選ぶ言葉にも影響されるようです。

すでに紹介した6D3S（どうせ・でも・だって・ダメだ・どうしよう・できない・しょせん・すべき・しなければならない）のネガティブな口グセ以外にも、生活の中のありとあらゆるシーンにネガティブな言葉は存在します。それらを使うことで、脳をよりネガティブな思考にしやすくしているのです。

しかも、その言葉が他の誰かに向けられた言葉だとしても、脳は同様に反応します。

「そんなことをしてはダメだよ」

「ちゃんとできてないよね」

「あの人、嫌な人だよね」

など、誰かとの会話の中で出てきた言葉であっても、口から発した言葉は耳を介して自分の脳に届き、自分に言われた言葉だと認識して反応します。それが自分自身の感情にも影響を与えてしまうのです。**ネガティブな言葉は誰かに対して発しても、自分に対して発しても、いいことはない**のです。

ただ、この脳の反応にはメリットもあります。ネガティブな言葉が脳に伝わってしまうように、ポジティブな言葉も同じように脳に伝わります。つまり、**できるだけポジティブな言葉を使うことで、ポジティブな感情を引き出していくこともできる**のです。

ネガティブな言葉をポジティブな言葉に変えていくために、ここでは5つのポイントをご紹介しましょう。

ネガティブな言葉をポジティブな言葉に変える5つのポイント

人と比べない

「あの人のほうが……」と人と比べようとした時点で、「それに比べて私は……」と思考がネガティブな方向に向きがちです。誰かと比べようとしている自分に気づいたら、「人は人、自分は自分」と切り離して考えるようにしましょう。

過去を引きずらない

うまくいかないことがあった時、以前の失敗した記憶などと結びつけて考えないようにしましょう。「前も失敗したから、今回も失敗するかも」「結局、いつもうまくいかないよね」と、最初から諦めてしまう必要はありません。前回失敗したからこそ、今回は失敗を回避できるかもしれないですよね。「たくさん練習したのだから大丈夫」「今を楽しんでいこう」と気持ちを切り替えていきましょう。

受け身で考えない

自分に自信がなく、自己肯定感の低い人は、物事に対して受け身になりがちです。相手の態度が気になって「嫌われたらどうしよう」「うまくいかなかったら困る」とネガティブな方向に考えてしまうことが多いと思います。それが言葉にも表れてしまうのです。人に「嫌われたくない」というのは、「相手といい関係を築きたい」ということでもあります。「嫌われないように」ではなく「もっといい関係になろう」というポジティブな言葉で考えてみてください。

いいところに目を向ける

冒頭の「お菓子がまだ半分ある」と「お菓子はもう半分しかない」の違いのように、何事も考えようです。つまり、誰でも目の前の出来事をポジティブにとらえることはできるのです。たとえば仕事でミスをしても、「今気づけてよかった」「こういう落とし穴もあるとわかった。次回から気をつけよう」と考えれば、失敗も教訓になります。友達と喧嘩《けんか》をしたことも「本音で話し合うことができた」と思えば友達との絆が強くなりますし、「私のことをそんなに考えてくれていたのだ」と、感謝の気持ちも出てくるでしょう。ネガティブに自分を追い詰めていくよりも、いいところを探して目を向けたほうが状況を楽しむことができるのではないでしょうか。

感謝する

「ありがとう」と言われて嫌な気持ちになる人はいないでしょう。そして、うれしそうな相手を見れば、自分自身もうれしくなるものです。ささいなことにも感謝の気持ちを持ち、「ありがとう」としっかり伝えることで、人間関係がスムーズになってポジティブな気持ちになれると思います。英語圏の人たちは「サンクス（ありがとう）」とよく口にしますが、日本人ももっと「ありがとう」を言葉にして伝えてもいいかもしれません。

いかがでしたか。物事のとらえ方は1つではありません。少し角度を変えれば、ネガティブなこともポジティブにとらえることができます。

何気ない日常にも、ポジティブな言葉を使う機会はたくさんあります。言い換えの練習をしていくうちに、だんだん脳がポジティブな思考をするように切り替わっていくでしょう。

つくり笑いで人生が変わる

「意図的にふりをする効果」の研究はいくつかあり、その中でも「笑うふり」は効果が大きいという研究結果があります。

口角を上げて微笑《ほほえ》むだけでも、顔の表情筋が動きます。その刺激が脳に伝わると、脳は「笑っている」と認識します。すると、脳内にドーパミンやエンドルフィン、セロトニンなどの神経伝達物質が分泌され、前向きな気持ちになってきます。つまり、**「無理に笑うだけでも、人間は楽しくなることができる」**のです。

社会心理学では、「自信のあるポーズを取ることで、たとえ自信がない時でも、自信を持った感情を得ることができる」というのは、常識的なこととなっています。これはポーズを取ることが、テストステロンとコルチゾールというホルモンに影響を与えているからだとされています。

そして、体や姿勢（ポーズ）が思考や感情にどのような影響を与えるかについて、この2つのホルモンの分泌から調査した実験がありました。その内容は、被験者に「パワーがあふれるポーズ」と「パワーが出ないポーズ」を2分間ずつ取ってもらった後に、唾液サンプルを採取して変化を探るというものでした。

実験の結果、前述したテストステロンは「パワーがあふれるポーズ」を取った場合は20％増加し、「パワーが出ないポーズ」を取った場合は10％減少しました。つまり、ほんの2分間、自信のあるポーズ、ないポーズを取るだけで、脳内の化学物質の分泌が変わることがわかったのです。

テストステロンとコルチゾールの関係から考えると、この実験でテストステロンが減少したのは、ストレスを受けてコルチゾールが増えた時と同様の状況が考えられます。

テストステロンは、男性ホルモンとしてよく知られており、攻撃性や支配力などと関係があるだけでなく、前向きな気持ちや自信を高める働きもあると言われています。もう1つのコルチゾールは、ストレスから身を守るために分泌されるストレスホルモンとして知られています。本来、ストレスを受けてコルチゾールの分泌量が多量になると、それを作り出している副腎が疲れてしまい、同じく副腎で作られるテストステロンが作れなくなるというプロセスがあるのですが、ただポーズを取るだけでテストステロンが減るというのは、とても興味深いことだと思います。

こうしたことから、「意図的にふりをする」ことで、ネガティブ感情をポジティブ感情に変えられる可能性があると言えるでしょう。

なんとなく気分が落ち込んでしまう、そんな時には鏡の前で笑顔の練習をしたり、自信に満ちたポーズを取ってみるといいでしょう。**自分の脳をうまく騙《だま》すことも、感情のコントロールをしていく上で大いに役立つ**と思います。

食べ物で感情を安定させる

お腹が空いてイライラした経験は、誰にでもあるのではないでしょうか。空腹になるとどうしてもネガティブな気持ちになりますが、その原因として考えられるのが、**血糖値の低下**です。ブドウ糖は脳にとって唯一の栄養源です。それが不足するということは、脳内の部品があちこち品不足になっているような状態なのです。結果、脳がきちんと機能できなくなり、ネガティブな感情が生まれやすくなるのです。

ある研究では、**空腹は怒りの感情とイライラ感を増幅させるだけでなく、喜びの感情を低下させる**ことも明らかにされています。その原因としてあげられているのも、血糖値の低下でした。

人間にとって低血糖は本当に怖い状態で、命にかかわります。糖尿病の人が倒れるという場合、高血糖で倒れるケースと低血糖で倒れるケースがあります。どちらが原因かわからない時、医師はまずブドウ糖を与えるようにします。高血糖の人はますます血糖値が上がってしまいますが、血糖値を下げる対処はできます。片や低血糖の人は、そのままにしておくと生命に危険があります。そのため血糖値を上げることを優先した治療方法が取られるのです。それほど、糖は私たちの体に必要だということです。

さて、世の中には様々な食材がありますが、その中で手軽に糖を補給できるおすすめの食べ物をあげるとしたら、**「バナナ」と「くるみ」**です。

近年、特定の食べ物を摂ることにより、脳内の神経伝達物質の分泌が変わって、感情が安定するという研究結果が多く報告されるようになりました。バナナもその1つです。バナナに含まれているビタミンB6、ビタミンA、ビタミンC、カリウムなどのミネラル、そして炭水化物には、感情を安定させる効果があります。また、果糖の効果により、血糖値が上昇して、活力が湧くことも期待できるのです。

また、くるみにはオメガ3脂肪酸が多く含まれています。オメガ3脂肪酸が血液の中に十分にあると、感情が安定して、うつになりにくいと考えられています。どちらも持ち運びしやすく、手軽に取り入れられる食品ですよね。

イライラしたり、落ち込んだりと感情が不安定な時に、糖分の多いスイーツをたくさん食べてしまう人もいますが、一気に食べて血糖値が上がることで満足感は得られても、急上昇した血糖値はジェット機のように必ず急降下します。そして、血糖値が下がると再び食べたい欲求が強くなり、同じことを繰り返してしまうのです。血糖値の激しい変動は血管にダメージを与え、動脈硬化を進めるリスクもあります。一度にたくさんのものを食べるよりは、少しずつ回数を分けて食べるほうが、体への負担は少なくなります。こうした血糖値の上下を緩やかにする意味でも、1日の食事を規則正しく取ることが大切です。若いうちは不規則な生活でも回復が早いですが、30代、40代と年齢を重ねていくほど、回復は遅くなってしまいます。35歳を超えたあたりから、特に体のメンテナンスには気をつけたいものです。

このほかにも神経を落ち着かせ、脳内物質のバランスを整えるセロトニンに必要な栄養として、第1章で様々な食品を紹介しています。普段のメニューを考える際の参考にぜひしてみてください。

すぐにできるレスキュー方法

学校の行事や習い事の発表会、ビジネスでのプレゼンなど、年齢にかかわらず、緊張感を強いられる場面はあるものです。また、人から言われた言葉にムカついたり、イライラしたり、私たちの感情はその都度変化します。ネガティブな感情にとらわれそうになった時、その場で手軽に感情をリセットできるレスキュー法も覚えておくと便利です。

水を飲んで胃腸を活性化し、神経を落ち着かせる

朝、目覚めた直後にコップ1杯の水を飲むといいことは、よく知られています。実はこの行為は、緊張したりイライラしたりしている時にもおすすめなのです。

水を飲むことには、体に水分を補給するだけでなく、胃腸の粘膜を刺激して自律神経

を整える働きもあります。ストレスを感じている時、体の中では自律神経の交感神経が優位になり、呼吸や心拍数を速めて臨戦態勢を取ろうとしています。また、余計なエネルギーを使わないように、内臓の働きは抑制された状態になります。

そのような状態で水を飲むと、胃腸の粘膜が刺激されて、抑制されていた蠕動《ぜんどう》運動が活発になります。つまり、自律神経の副交感神経を刺激することになるわけです。副交感神経が優位になると、呼吸や心拍数は遅くなり、体はリラックスした状態になります。

ストレスで交感神経が優位になりすぎた心身を、副交感神経優位のほうに戻すことで、自律神経のバランスを整えることができるわけです。

ただ、冷たい水を一気に飲むと体が急に冷えてしまい、血管や内臓にダメージを与える可能性があります。口に含みながらゆっくり飲むようにするといいでしょう。朝は脱水傾向にあることも多いので、水分補給は全身の血行動態の改善にもいいです。

目を閉じて脳を休憩させる

仕事や勉強で頭が疲れていたり、気持ちが落ち込んだりしている時には、静かに目を閉じてみましょう。それだけで脳への情報が遮断され、脳を休めることができます。

脳は、視覚によって外部から膨大な量の情報を得ています。そして私たちの睡眠中に、取り込んだ情報の整理を行います。実は、わずか数分目を閉じるだけでも睡眠時と同様に情報の整理が行われますし、睡眠時の休息の70~80%程度は効果を得ることができると言われています。

少し疲れたと感じた時は、一分ほど目を閉じてゆっくり呼吸をしてみてください。色々な感情が入り混じった状態がおさまり、少し落ち着くことができるのではないでしょうか。タオルやハンカチなどで目の部分を覆い、目に外からの光が入らないような状態にして行うのがおすすめです。

とはいえ、目を閉じてもあれこれ考えてしまうという人もいるでしょう。その場合は、目を閉じて自分の呼吸に意識を向けることをおすすめします。できるだけモヤモヤやイライラを手放して、ぼーっとした状態で脳を休めてあげてください。脳の疲れが癒されれば、感情も安定してくるでしょう。

好きな写真や画像を見て心を落ち着かせる

大好きなアーティストやペット、お気に入りの風景などの写真や画像を眺めるだけでも、脳は癒されると言われています。

特に「かわいい」と感じるものを見ると、「愛情ホルモン」のオキシトシンの分泌が促されます。オキシトシンはストレスを軽減し、リラックス効果をもたらしてくれます。また、オキシトシンの分泌が増えると、「幸せホルモン」と呼ばれるセロトニン、ドーパミンの分泌も促されます。セロトニンには感情を安定させる働きがありますし、ドーパミンも適正な量であれば意欲や幸福感をもたらしますから、かわいいものを眺めることで心を落ち着かせる効果は大いに期待できるでしょう。

また、ある研究報告では、かわいいものを見ると「もっと見たい」という気持ちが生まれて集中力が向上し、それが次の作業にも持続して持ち越されることがわかりました。つまり、かわいいものを見た後で仕事の作業に移ると、集中力を高めたまま取り組むことができるわけです。

ただし、一方ではかわいいものを長時間眺め続けていると、それにハマってしまい、見ることがやめられなくなってしまうという研究結果もあるそうです。かわいいもので癒されるのはいいのですが、仕事や勉強に取り組めなくなってしまうのは困りますよね。今はインターネットで、好きな動画や画像をいくらでも探すことができます。その誘惑に流されないように注意が必要だと思います。気分転換で写真や画像を眺めるなら、1分〜1分半程度の時間に留めておきましょう。

深呼吸で体内に酸素を送り、リラックスする

ストレスを抱えると自律神経は交感神経が優位な状態になり、呼吸は速く浅くなっていきます。そのため、体の中に十分な酸素を取り込むことができなくなっています。脳が機能するためには酸素が必要です。深呼吸によって脳に十分な酸素を届けることで、脳の活動を安定させることができます。

体により多くの酸素を取り込むには、腹式呼吸がおすすめです。腹式呼吸は肺の下にある「横隔膜」という筋肉を動かし、肺に多くの空気を取り込む呼吸法です。しかも、横隔膜を動かすことで内臓が刺激され、副交感神経の働きが活発になります。そのことも心身のリラックスに役立っているわけです。

腹式呼吸のやり方を簡単に紹介しておきましょう。

① 最初に口からゆっくり息を吐きます。お腹をへこませて体の中にある空気をすべて

出し切るようなイメージで、吐きましょう。

② 鼻からゆっくりと息を吸います。へこませたお腹を元に戻すように、空気を溜めていきます。横隔膜を下げるようにイメージしながら行うのもおすすめです。

これを1日に10〜20回程度行うといいでしょう。「吸って」「吐いて」と自分の呼吸に集中すると、あれこれ気にしていたことも考えずにすみます。一度落ち着くことで、目の前の問題や課題への対処方法も見えてくるかもしれません。

また、余裕がある人は、呼吸をする時にネガティブなものを吐き出し、ポジティブなものを取り入れるイメージをしてみてください。たとえば、息を吸いながら心地よい自然や美しい花のイメージを一緒に取り込み、息を吐きながらイライラやモヤモヤを一緒に吐き出すようにします。好きな香りのアロマオイルなどを使ってみるのもいいでしょう。心地よい状態に、脳がより癒されるでしょう。

靴を脱いでストレスから解放される

日本人にとっては、靴を脱ぐ習慣はごく普通のことですが、海外でも靴を脱ぐ習慣を取り入れる人が増えているそうです。

靴を脱ぐことのメリットは色々あります。まずは、靴の窮屈さから解放されることでしょう。革靴やハイヒールなどを履いて1日を過ごすと、夕方に足がむくんだり、靴の中が蒸れてしまったり、それだけでもストレスになります。靴を脱ぐだけでストレスから解放されるわけです。

また、靴を脱いで床を歩くことは、ある意味、足ツボマッサージを受けているような状態です。足裏には全身の様々な部位の反射区（ツボ）があります。これらが刺激されることで血行が良くなり、内臓のツボが刺激されることで副交感神経が活性化します。ただ靴を脱ぐだけなのですが、心身ともにリラックスすることができるのです。

職場などでネガティブな感情が湧いてきた時、履いている靴をそっと脱いでみるのもいいかもしれません。靴から解き放たれた解放感で気分もリフレッシュできるでしょう。

最近は靴を脱いで仕事をする職場もあるそうです。靴を脱いだほうがくつろいだ気持ちで仕事ができますし、社員同士のコミュニケーションにも役立っているようです。

覚えておきたい5つのレスキュー法

- コップ1杯の水を飲む
- 数分間、目を閉じてみる
- 好きな写真や画像を眺める
- 深呼吸する
- 裸足になる

嫌なことから離れていい

物事がうまく進まないと、「もう嫌だ」という気持ちになることもあるでしょう。脳の扁桃体が「嫌だ」「不快だ」と判断し、「そんなことを言わずに頑張ろうよ」と、いくら前頭前野がなだめても、どうしても辛いという時もあるものです。

しかも、真面目な人ほど「こんなふうに考えるのは、私がわがままだからだ」と自分を責めてしまいますし、他の人と自分を比べて「他の人はみんな頑張っているのに、私はダメな人間だな」と周囲に気持ちを打ち明けることもできないまま、悩んでしまったりするのです。

もし、あなたがそのような状態に置かれているとしたら、**嫌なことから離れてもいい**と思います。その上で、なぜ自分が嫌だと感じているのか考えてみるのもいいでしょう。

ネガティブな感情にとらわれて悪いほうにばかり考えていると、冷静に物事を判断することができません。**少し離れたところで、自分のことを客観的に見てみることも必要**だと思います。そうすれば、どのように対処すればいいかが見えてくるかもしれません。

とはいえ、職場や学校などでの問題は、すぐに環境を変えるのは難しいですし、選べることと選べないことがあるのも事実です。

もし特定の人との人間関係に悩んでいるのでしたら、意識的に距離を置くことを試してみてはどうでしょうか。

離れるというと、一生顔を合わせないようにするという選択肢もありますが、そこまで極端にしなくても、「できるだけ同じ部屋にいないようにする」「受け答えは必要最低限にする」「SNSでの交流はしない」など、様々な距離の取り方があると思います。こうした工夫で徐々に離れていくことで、関係はだんだん薄くなっていくでしょう。

もちろん、顔を合わせるだけで苦痛だという時には、上司や先輩に相談してみるのもいいかもしれません。また、辛さがずっと続くようなら、一度仕事をお休みしてみるのも1つの選択でしょう。

大切なのは、嫌なことを嫌なままで続けないことだと思います。それではネガティブな感情からなかなか抜け出せないでしょう。ネガティブ感情から自分を解放するために、まずは**自分の素直な感情に応える方法を考えてみましょう。**

第6章

ネガティブ感情にとらわれないために知っておきたいこと

ネガティブ感情は持続させてしまうと厄介

ネガティブ感情にとらわれた時、それをすぐに切り替えられる人と、ずっと抱えてしまう人がいます。自己肯定感の低い人は物事をネガティブにとらえがちです。また、脳が疲れていると思考も後ろ向きになり、悪い方向にばかり考えがいってしまいます。

ある研究報告では、ストレスを経験した際の脳の扁桃体の反応が、長期的な幸福感に影響していることがわかりました。この研究では、同じ被験者に対して「ポジティブな画像」「ネガティブな画像」「ニュートラルな画像」をそれぞれ見せ、その際の脳活動の測定が行われました。結果、ネガティブな画像を見た際に左の扁桃体の反応が持続しやすい人ほど、普段の生活でもネガティブな感情を抱きやすく幸福感も低下しました。反対に、ネガティブな画像を見た際のストレスが持続しにくい人ほど、普段の生活でもポジティブな感情を抱きやすく、長期的な幸福感も高かったと言います。

この調査結果は、扁桃体には一種の波及効果があることを示しています。**反応の持続性が高い人ほど、その後の物事のとらえ方にもネガティブ感情が影響を与えてしまう**と考えられるのです。ここに、ネガティブ感情にとらわれがちな人とそうでない人の違いがあるのかもしれませんね。

また、別の研究によると、ポジティブな感情に比べてネガティブな感情のほうが持続時間が長いという結果が出たそうです。怒り・落胆・驚きなどは2時間、悲しみの感情にいたっては約5日間も続くのだとか。前者の研究でわかったように、ネガティブな画像に対する扁桃体の反応が持続しやすいとネガティブ感情を抱きやすいそうですから、一度ネガティブ感情にとらわれてしまうと、長い期間、その感情と付き合うことになってしまいそうです。**できるだけ早いタイミングで、ネガティブ感情から抜け出す方法を考えていくことが大切**です。

この章では本書のまとめとして、ネガティブ感情にとらわれず穏やかに日々を過ごすために知っておきたいことを、いくつかご紹介します。普段の生活の中で少し気をつけることで、ネガティブな感情を切り替えるヒントにもなると思います。

なぜ、怒りを買う人は常に一言多いのか

相手を傷つけるつもりではないのに、つい余計なことを言ってしまう。思ったことが口に出てしまい「なんで、あんなことを言ってしまったんだろう」と後で落ち込んでしまう。そんな経験がある人も少なくないと思います。悪気があったわけではなくても、言われた相手は腹を立て、その後の付き合いがぎくしゃくしてしまうこともあります。

余計な言葉が口から出てしまうのは、前頭前野の働きが低下していて、扁桃体の抑制が甘くなっているからです。前頭前野は、脳の中でも社会性やモラル、相手の感情理解などと関係の深い部位です。本来であれば「ちょっと待て」と扁桃体の暴走を抑えてくれるはずですが、そのコントロールが利かない状態になると、扁桃体で生まれた感情のままに、パッと言葉が出てきてしまうのです。

自分が人から言われて面白くないことは、相手にとっても不快でしょう。たとえば、次のような言葉を無意識に使っていないでしょうか。

・だから言ったでしょ。
・こんなことは言いたくないけれど……。
・いつもそうだよね。
・～だね。でも……。
・大丈夫？
・頑張って！
・はいはい、ごめんごめん。（同じ言葉を繰り返す）
・思ったより～だね。

など、シチュエーションによってもさまざまな言葉があります。特に「大丈夫？」や「頑張って！」は、その時の状況によって相手の受け取り方にも違いがあります。自分としては相手をねぎらい、応援するつもりでかけた言葉でも、相手が目一杯頑張っているような状況では、「こんなに頑張っているのに、信用してもらえないの？」「もっと頑張らないといけないの？」とストレスを感じさせることもあります。言葉というのは難しいものですね。

人の怒りを買うような状況を回避するためには、まず、思ったことをすぐに口にしないこと。**「こう言ったら相手はどう思うだろう」と、相手の気持ちに思いを馳《は》せることで、余計な一言を言わずにすみます。**そして、言うか言わないかをジャッジできるよう、ゆっくり話すようにするといいでしょう。

また、同時に扁桃体が勝手に走り出していかないように、前頭前野の働きを整えることも大事です。前頭前野のコントロールが利かないのは、セロトニンが不足しているせいだと考えられます。脳内のセロトニンは、ストレスを受けているとどんどん消費されてしまいますし、ストレス以前に体内で作られるセロトニンの量が少ない可能性もあります。どちらの場合でも、食事や運動、日光浴などでセロトニンの量を増やすように心がけることが大切です。

穏やかな人が攻撃的になる「認知症」

職場の上司や同僚が急に怒りっぽくなった、攻撃的な発言をするようになったという場合、もしかすると認知症の初期症状かもしれません。

認知症は、様々な脳の病気によって認知機能が低下し、日常生活に支障をきたしている状態を言います。認知症自体が1つの病気ということではなく、多くの種類があります。

認知症の初期症状には、物忘れがひどくなる、場所がわからなくなるといった変化があるほか、怒りっぽくなる、頑固になるといった性格の変化が表れることもあります。

認知症で怒りっぽくなる症状としては、目つきが変わる、急に不機嫌になる、暴力的になって毒々しい言葉を吐くなどがあり、また、猜疑心《さいぎしん》が強くなって「お金を隠しただろう」「盗んだだろう」と怒り出すこともあります。怒りっぽくなる症状が出るのは、前頭葉が萎縮して扁桃体のコントロールができなくなるためだと考えられています。

認知症の患者数（65歳以上）は年々増加しており、2025年には700万人、高齢者の5人に1人が認知症患者となる見込みです。認知症の種類によっては治療が可能なものもありますが、アルツハイマー型認知症、レビー小体型認知症、前頭側頭葉変性症などについては、根治させる治療法はまだ確立されていない状況です。ただし、病気の進行を遅くすることは可能ですから、家族や自分自身が「もしかして、認知症？」という場合は、かかりつけの医師に相談するか、物忘れ外来を受診してみることをおすすめします。

また、急に怒りっぽくなった上司や同僚に対して、「あの人とはもうかかわりたくない」と即座に拒絶するのではなく、そういった可能性もあるのだと知っておくのもいいかもしれません。

溜め込まない生活が一番大事

ネガティブ感情にとらわれないようにするには、ストレスを溜め込まないことが大事です。

ストレスにさらされ続けると、脳はずっと戦い続けなければなりません。その状態では、精神が安定した状態を保つのは難しいでしょう。

また、ストレスによって免疫力が下がることは、よく知られていることだと思います。外からストレスを受けると、「交感神経」「副交感神経」という2つの自律神経のバランスが崩れてしまいます。交感神経は免疫細胞の顆粒《かりゅう》球に、副交感神経はリンパ球の制御にそれぞれかかわっているため、バランスの崩れは免疫力の低下につながってしまうのです。免疫力の低下は、がんや感染症などの病気のリスクを高めることにつながります。つまり、**ストレスを溜め込むと、体にも大きなダメージを与えることになる**のです。

だからこそ、**ストレスはできるだけ溜めずに、発散しておくほうがいい**でしょう。

ストレス発散法は、人によって様々あると思います。

思い切り泣いてみるというのも1つの方法ですし、大笑いするという方法もあります。いずれも、体内からストレスホルモンのコルチゾールを減らすことで、スッキリした感覚が味わえます。ちなみに、大笑いする方法は、つくり笑いでも効果が得られると言われています。笑顔を作ると表情筋が動いて脳に刺激を与えることができ、免疫細胞であるナチュラルキラー細胞を活性化することができるのです。

そのほかにも、お風呂にゆっくり浸《つ》かることで副交感神経を優位にし、リラックス効果を得たり、趣味などの好きなことに没頭するのもいいと思います。

自分に合った方法でストレスを発散し、溜め込まない習慣を身につけていきましょう。

ストレスに直面した扁桃体が選ぶ「3つのF」

「窮鼠《きゅうそ》猫を噛《か》む」ということわざをご存じでしょうか。追い詰められたネズミが猫に噛みつくように、弱者も追い詰められると強者に反撃するということの例えとして使われます。実は、私たちの脳も、同様の反応が起こると考えられています。

感情を作りだす扁桃体は、生命の危機にかかわるような恐怖を感じた時、3つのFのうちどの反応をするか判断します。それが、次の3つです。

・Fight（ファイト）＝戦う
・Flight（フライト）＝逃げる
・Freeze（フリーズ）＝固まる、すくむ

危機に直面した時、回避するために扁桃体が選ぶ「3つのF」

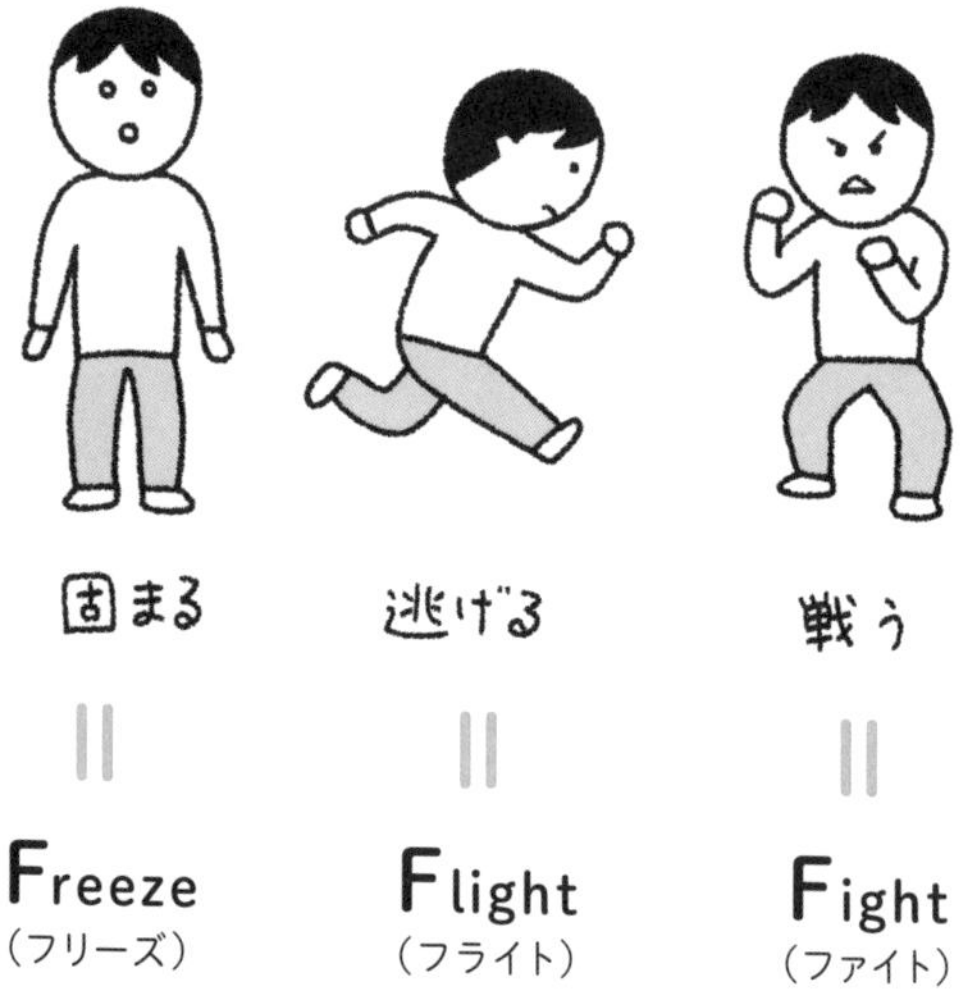

原始の時代であれば、人が獣に襲われたりすることもあったでしょう。その当時から人は命を守るために逃げるか、戦うかを選択しなければなりませんでした。しかし、実際はフリーズすることも多かったと思います。つまり、動かずにじっとしているのです。なぜなら、捕食動物の多くは死んでいるものを食べないからです。野生の世界で、もし病気が原因で死んでいる動物がいたとしたら、それを食べることで自分も病気になってしまうかもしれませんし、腐敗の進んだものは食中毒のリスクがあります。そのため、なるべく生きている状態のものを捕まえて食べようとするわけです。

昆虫についても同様で、多くの昆虫が死んだふりをするそうです。じっと動かずフリーズした状態になり、天敵をやり過ごします。これも生き抜いていくための護身術と言えるでしょう。

現代社会を生きていく中で、多くのストレスに対抗していくために、扁桃体は3つのFの選択に迫られているのです。

フリーズすることで、現実的な危機をやり過ごせるかもしれませんし、逃げて戦いを回避できるかもしれません。ですが、最終的に追い詰められれば戦うこともあるでしょう。

扁桃体が「戦う」と選択した時、脳内物質や自律神経のバランスが崩れてしまっていては、臨戦態勢を取ることができません。ストレスに打ち勝つためには、日頃から脳や体の環境を健やかに整えておくことが大事だと思います。

他人と比べる習慣をやめる

人は人、自分は自分と思っていても、つい誰かと比べてしまう。私たちが周囲と比較をしてしまうのは、置かれた環境の中で、自分がどのような役割を担っているかを確認したくなるからだと考えられます。

また興味深いのは、比較する対象には、自分と似たような人を選ぶのだそうです。その人との一致によって「自分は間違えていない」「これで良いのだ」と自分の位置や役割を確かめることができるからです。日本人は昔から、集団の中の調和を重んじてきた民族です。言い換えれば、足並みを揃《そろ》えた状態を良しとしてきましたから、似ている誰かと比較して安心するところがあるのかもしれません。

とはいえ、人と自分を比べてネガティブな感情にとらわれてしまう人も少なくありません。なぜ、そのように人と比較してしまうかというと、その理由は第一に、自分に自信を持てていないからでしょう。自分の考えに自信がないために、人からどのように評価されているのかが気になってしまうのです。また第二に、誰かに認めてほしいという気持ちが強い人も、周囲からどう評価されるかを気にしてしまいます。

どちらも**自分としての価値基準に自信が持てないために、他の人と比較し、他の人の評価基準で判断されることを選んでしまう**のです。

「あの人は仕事ができるのに、私はできない……」

「彼女は美人なのに、私はそうではない……」

「彼は英語が堪能なのに、私は下手だと思われてる」

など、比較すればきりがないですよね。

すべてにおいて100点満点という人はいません。どんなに優れた人でも、比較するものによっては劣っているところも出てくるでしょう。人と比較してネガティブになるのは、**自分の良いところに気づけず、悪いところばかりに目が向いているから**ではないでしょうか。それを繰り返していては、ネガティブな気持ちからは解放されません。

「彼女と私は違う人だから、違いがあって当たり前だ」

「私は○○ができる。もっと上手になりたい」

「以前に比べたら、ずいぶん上達できたよな」

という具合に、**比較対象を他の人から自分自身にシフトしてみてください。**過去の自分と比べて成長している自分を自覚できると、自信が持てるようになり、自己肯定感も高まります。徐々にネガティブな感情から抜け出すことができるようになるでしょう。

利他の行動は、幸せという形で戻ってくる

「利他」というのは他人に利益を与えること、「利己」は自分の利益のみを考えることを言います。人間を含めた哺乳類は、その行動に利己的なところと利他的なところがあります。生物学的に言うと「個体の保存」と「種族の保存」という本能が備わっているからです。個体の保存は、食事や水分の摂取、睡眠など、個人の生命を維持するための行動です。一方、種族の保存は、生殖行動や社会行動など、種族を残すための行動です。

哺乳類は個体の保存については利己的で、種族の保存については家族を守ったり、種族を残すという点で利他的だと言えるでしょう。

ちなみに、完全に利他的な行動を取るのは昆虫です。蜂の世界では、子どもを産む女王蜂と、生殖活動を行う雄蜂、それ以外の蜂は働き蜂です。それぞれが役割を持ち、種

族の保存のために行動しているのです。

私たちの利他行動と関係が深いのは、オキシトシンというホルモンです。オキシトシンは、妊娠時や出産時のお母さんの体内で増えることでも知られており、「愛情ホルモン」とも呼ばれています。そして、その呼び名の通り、他者への愛情をつかさどり、幸福感や癒し、リラックス効果をもたらすといった働きがあります。

また、オキシトシンにはストレス耐性を高め、不安や心配を和らげる働きがあると言われており、日々ストレスにさらされている現代人にとっては、大変重要な脳内物質です。

ある実験で、マッサージを受けた人と施術した人のホルモン量を調べたところ、マッサージを受けた人だけでなく、施術した人もオキシトシンとセロトニンの量が増えていたそうです。特にオキシトシンについて言えば、施術した人のほうが分泌量が多かったと言います。これは、**オキシトシンが利他的な行動によって分泌される**ということを示しています。

つまり、特別親しい間柄でなくても、相手のためにという気持ちで行動すればオキシトシンは分泌されるのです。人のためにと思ってしていることで、自分自身が幸福感に満たされるのですから、これは**利他行動のごほうび**のようにも思えます。まさに「情けは人のためならず」です。**人への思いやりは、自分に返ってくるのです。**

また、オキシトシンは利他行動だけでなく、その他の日々の行動でも増やしていくことができます。

その方法をいくつかご紹介します。できることから実践して、オキシトシンを増やしていきましょう。

オキシトシンを増やす方法

家族や友人とのコミュニケーションで増やす

オキシトシンは、家族や友人と食事に行く、おしゃべりを楽しむといったコミュニケーションでも増やすことができます。また、相手との距離が近いほど、効果が高いと言われています。

親しい間柄でなくても、温泉や銭湯など、他の人と一緒に入浴するだけでもオキシトシンは増えます。大きな空間で無防備な状態で過ごすことにより、癒し効果が得られるそうです。

人やペットとのスキンシップで増やす

オキシトシンは、心地よいものに触れる「感覚刺激」によっても分泌されやすくなると言われています。その最たるものが、家族や友人とハグをしたり、赤ちゃんを抱っこしたりといったスキンシップです。ペットと遊んだり、撫《な》でたりすることでもオキシトシンを増やすことができます。

また人や生き物でなくても、柔らかくて触り心地の良いものに触れるのもいいでしょう。ぬいぐるみやブランケット、クッションに触れたり、肌触りの良いパジャマや下着をつけたりすることでも効果は期待できます。

人に優しくして増やす（利他行動）

人に対して優しい気持ちを持つことでも、オキシトシンは分泌されます。たとえば、電車の中でお年寄りや妊婦さんに席をゆずる、仕事が終わらない同僚を手伝う、ボランティア活動に参加するなど、誰かに優しくすると、自分自身もうれしい気持ちになるものです。

人に感謝して増やす

普段から人に感謝を伝える習慣を持つことも大切です。「ありがとう」と言葉にして伝えるだけでもオキシトシンは分泌されます。また、「ありがとう」と言われて悪い気がする人はいませんから、その一言で相手がうれしい気持ちになれば、それを見ているあなたもさらにいい気分になれるでしょう。

瞑想《めいそう》して増やす

オキシトシンは、人に優しくすることで増えていきます。瞑想でも自分だけでなく、大切な誰かのことを思いながら行うことで、オキシトシンが増えていきます。

自分と他者のために行うこの瞑想を「慈悲の瞑想」と呼ぶそうです。やり方はとてもシンプルですから、ぜひ試してみてください。

〈慈悲の瞑想〉

静かな場所でリラックスして行います。

1　椅子に腰かけ（床に座るのでもＯＫ）、背筋を伸ばす

2　呼吸に意識をゆっくり集中させる
3　自分に対して思いやりのある言葉を唱える
4　大切な人に対して思いやりのある言葉を唱える
5　世界中の人に向けて思いやりのある言葉を唱える

本格的な「慈悲の瞑想」には決められたフレーズややり方があるのですが、ここでは自分と他者に対する思いやりを感じられればいいと思います。たとえば、

「私の心が安らかでいられるように」

「私が健やかでいられるように」

「あなたが幸せでありますように」

「あなたの願いが叶《かな》いますように」

など、自分の感覚に合う言葉で、愛情を込めて唱えてみてください。

日常のちょっとした行為で、「愛情ホルモン」は増やすことができる

- 家族や友人とおしゃべりする
- 人や動物とスキンシップをとる
- 誰かに優しくする
- 人に感謝を伝える
- 瞑想をする

緊張やストレスを和らげるGABA

オキシトシンと並び、脳内の神経伝達物質であるGABAもよく知られています。GABAはγ－アミノ酸（Gamma Amino Butyric Acid）の略語で、GABA入りのチョコレートや玄米など、食品のパッケージで見たことがあるという方も多いでしょう。

GABAは、「抑制系」と呼ばれる分類に属する神経伝達物質です。抑制系というのは、外からのストレスに対して脳が過剰な反応を示している時に、それを制御する機能として働きます。

ストレスによってノルアドレナリンやドーパミンの分泌量が増えると、脳は興奮し、体も臨戦態勢になりますが、GABAは自律神経を交感神経優位の状態から副交感神経優位にするように働きます。つまり、臨戦態勢の体をリラックスした状態に切り替えていくのです。その点ではセロトニンと似ていますよね。

ＧＡＢＡは食品として摂取することが比較的簡単な物質です。

・発芽玄米や大豆
・お茶
・トマト、かぼちゃ、きゅうり、ブロッコリースプラウトなどの野菜
・漬物、キムチなどの発酵食品

というように、様々な食材に含まれています。サプリメントも多く販売されていますが、できるだけ食事から摂取することをおすすめします。

ＧＡＢＡは、強いストレスにさらされていると消耗が早く、不足がちになってしまいます。この脳内物質がきちんと分泌されないと、ストレスに対して神経の興奮がおさまらず、なかなか気持ちを落ち着かせることができません。普段の食生活でも、少し意識して食材を選ぶようにするといいでしょう。

辛い時は誰かに助けを求めていい

病院外来に来られた方を診断する時には、事前に問診票に記入をしていただき、それを参考に直接話を聞きながら、その方の状況を判断していきます。

一人一人、生活している環境が異なりますし、立場も違います。もちろん、ものの考え方にも個人差がありますから、「こうだから、この病気」という線引きはとても難しいものです。

とはいえ、なんらかの尺度で判断することは必要です。たとえば、うつ病の方の場合は、次のような症状や気分が続くことが判断の目安になります。

・憂鬱な気分が続く

・「集中力」がない（もしくは、考えがまとまらない）
・何事にも意欲が湧かない
・自分を責めてしまう
・眠れない、起きられない
・疲れやすい、だるい
・頭痛、肩こりがある
・食欲がない（もしくは、食欲に波がある）
・体重の増減がある

こうした症状が2週間以上、毎日のように続いて生活に支障がある時に、うつ病の可能性があります。

もちろん、うつ病と診断されず、その1歩手前、2歩手前という方も相談にいらっしゃいます。そういう方でも必要があると判断すれば、処方薬を出し、治療を行うこともあります。**その人にとって最善の道を一緒に探すのです。**

ただ、こうした症状に該当している方であっても、最初から精神科を受診するわけではなく、初めは消化器内科や循環器内科、耳鼻科、整形外科など、様々な診療科で診察を受けています。そこで原因がわからずに、最後に精神科を受診されるというパターンが意外に多いのです。

精神科と聞くと、それだけでハードルが高くなるのかもしれません。「自分が精神科にかかるなんて」というネガティブなイメージをお持ちの方も少なくないと思います。

しかし、体がしんどく、気力もなくて辛いのに、真面目で責任感の強い方ほど「自分がいなくなると困る」「今、自分が休んだら周りに迷惑がかかってしまう」と考え、無理をしてしまいます。その結果、うつ状態がさらに重くなってしまい、さらに自分を追い詰めてしまうことにもなるのです。

では、このような状況にならないようにするには、どうすればいいでしょうか。1つ言えることは、**辛い時には助けを求めていい**ということです。

一人で我慢せずに、まずは誰かに相談してみましょう。

家族や友人でもいいですし、専門的な知識を持つ医師のいる場所として、心療内科やメンタルヘルスクリニックに相談してみるのもいいと思います。体調の悪さの原因は心にあるかもしれません、話だけでも聞いてみようくらいの気持ちで相談してみてもいいと思います。

最後に、私が思う、いい医師、いい病院を選ぶポイントをいくつかご紹介したいと思います。

・初診時間を十分に確保してくれるか

病院の中には、5分診療というところも多いのです。いたずらに診察時間を長くすることはありませんが、必要に応じて融通をつけてくれるかどうか、よく話を聞いてきちんと説明する時間を取ってくれる病院かどうかは1つのポイントになります。

・患者の意思を尊重してくれるか

本人の意思をきちんと確認し、尊重してくれるかどうか。治療方針や薬の処方など、納得して進められるので安心できます。

・薬のことをきちんと説明してくれるか

処方する薬について、何のための薬なのか、どのように服用するのか、副作用や依存性があるのかなどを、きちんと説明してくれる。症状に応じて、時には薬を減らす提案をしてくれるかどうか。

・家族や会社の上司にきちんと説明してくれるか

症状を自分で説明しようとしても、うまく伝えられないことがあります。要望に応じて医師やカウンセラーが家族や上司に対して病状の説明をしてくれると、余計なエネルギーで疲れずにすみます。

・セカンドオピニオンを受けてくれるか

セカンドオピニオンというのは、診察を受けている病院とは別の医療機関で診察を受けることです。「セカンドオピニオンを受けたい」と申し出た時に、きちんと承諾してくれる先生なら相談がしやすいと思います。

・診断書などを適切に発行してくれるか

症状によっては休職が必要なこともあります。その際に、適切に診断書を用意してくれるような病院だと安心です。

・受付や待合室が清潔か

診察室や受付、待合室の雰囲気、スタッフの対応などがきちんとしているかも大切です。個人情報がきちんと守られる空間かどうかも確認しましょう。

一人で抱え込まずに、感じている不調を少しずつ元に戻していきましょう。

辛い時には助けを求めていい――
誰かに話してみることで、たまっていたものが
吐きだされてスッキリしたり、自分の中で考えが
まとまったり、ネガティブ感情から抜けだす
「1歩」になるはずです

おわりに

本書を手に取ってくださり、ありがとうございました。

人の体とは不思議なもので、何が足りなくても、何が多くてもバランスが悪くなり、うまくいきません。本書の中でもセロトニン、ノルアドレナリン、ドーパミンなどの神経伝達物質の話をしましたが、それぞれが不足したり、過剰になったりすると、どこかに不具合が出てしまうのです。

常にベストなバランスを保つというのはなかなか難しいですが、ヤジロベエのように右に左にと揺れながらもちゃんと重心を保ち、バランスを取ろうとする姿勢が大事ではないでしょうか。

儒教に「中庸」という言葉が出てきます。その意味は、「極端に偏ることなく、過不足なく調和が取れている」ということです。

本書の中では、一番感情が安定するのはアクセルでもブレーキでもなく、ニュートラルにギアを入れた状態だとしましたが、この中庸という概念が一番近いかもしれません。

脳は常に、心と体をストレスから守ろうとしています。それがいきすぎてしまうことで、自分自身にダメージを与えたりしますが、あなた自身がそのことに気づくことで状況を変えていくことはできるでしょう。日々の習慣の中でついてしまったクセは、それを意識することで直していくことができます。

「また、このクセが出ているな」
「次回は違うアプローチを考えてみよう」

と自分の脳と二人三脚で、より良い脳内環境を作っていきましょう。

ネガティブな意識は、見方を変えればポジティブな意識にも変えられます。

バランスを取りながら、ヤジロベエの振り幅を少しずつ小さくして、中庸な状態へと整えていきましょう。

この本を読んでくださったみなさんが、今までよりも穏やかに、幸せな気持ちで日々を過ごすことができるよう願っています。

伊藤　拓

参考文献

『精神科医が教える後悔しない怒り方』伊藤拓著（ダイヤモンド社）

『人間の本性について』

エドワード・オズボーン・ウィルソン著、岸由二訳（思索社）

『ヒトの社会の起源は動物たちが知っている：「利他心」の進化論』

エドワード・オズボーン・ウィルソン著、小林由香利訳（NHK出版）

『人及び動物の表情について』

ダーウィン著、浜中浜太郎訳（岩波書店）

『眼の誕生　カンブリア紀大進化の謎を解く』

アンドリュー・パーカー著、渡辺政隆・今西康子訳（草思社）

『ビジュアル図解　脳のしくみがわかる本　気になる「からだ・感情・行動」とのつながり』

加藤俊徳監修（メイツ出版）

『悩まない脳の作り方』

加藤俊徳著（辰巳出版）

『医者が教える疲れない人の脳：「慢性疲労」を消す技術』

有田秀穂著（三笠書房）

『マンガでわかる神経伝達物質の働き ヒトの行動、感情、記憶、病気など、そのカギは脳内の物質にあった!!』

野口哲典著（SBクリエイティブ）

『MBTIに基づいた性格タイプ16タイプ別性格診断超門！：自己理解を深め他人との関係をより豊かにする基礎知識 初心者向け解説書』

トレンド解説部著（Amazon Services International LLC(Kindle)）

『ユング心理学でわかる「8つの性格」』

福島哲夫著（PHP研究所）

『図解　認知のゆがみを直せば心がラクになる』

福井至・貝谷久宣監修（扶桑社）

『認知行動療法のすべてがわかる本』

清水栄司監修（講談社）

『うつ病の認知療法・認知行動療法（患者さんのための資料）』
慶應義塾大学認知行動療法研究会編集
https://www.mhlw.go.jp/bunya/shougaihoken/kokoro/dl/04.pdf

［著者紹介］
伊藤 拓（Taku Ito）

精神科医。東京都西東京市出身。東京大学理科二類（薬学部）を卒業したのち、医師を目指して横浜市立大学医学部に再入学。卒業後、平成5年に医師免許、平成10年に精神保健指定医資格を取得。現在は東京都足立区の大内病院勤務。これまでに精神科医としてのべ10万人以上を診てきた。著作に『精神科医が教える後悔しない怒り方』（ダイヤモンド社）がある。

精神科医《せいしんかい》だけが知《し》っている
ネガティブ感情《かんじょう》の整理術《せいりじゅつ》

2024年6月25日発行 第1刷

著者	伊藤 拓
発行人	鈴木幸辰
発行所	株式会社ハーパーコリンズ・ジャパン 東京都千代田区大手町1-5-1 電話　04-2951-2000（注文） 0570-008091（読者サービス係）
編集協力	株式会社天才工場 浅井千春
イラスト	さかたともみ
ブックデザイン	沢田幸平（happeace）
印刷・製本	中央精版印刷株式会社

定価はカバーに表示してあります。
造本には十分注意しておりますが、乱丁（ページ順序の間違い）・落丁（本文の一部抜け落ち）がありました場合は、お取り替えいたします。ご面倒ですが、購入された書店名を明記の上、小社読者サービス係宛ご送付ください。送料小社負担にてお取り替えいたします。ただし、古書店で購入されたものはお取り替えできません。

ISBN978-4-596-63895-3